HEY, DEIN KÖRPER SPRICHT!

STEFAN VERRA

Hey, dein Körper spricht!

Worum es bei Körpersprache wirklich geht

VORWORT

Angela Merkel. Ob Sie wegen ihrer Regierungsarbeit in die Geschichte eingehen wird oder doch wegen ihrer Handhaltung? Beständig hält sie die Hände vor dem Bauch, die Finger in einer Art Raute aneinandergelegt. Was will sie uns damit sagen? Was geht in ihr vor? Was ist das für ein Mensch, der die Hände auf diese Art hält? Welche Persönlichkeitsstruktur steckt hinter dieser Gestik?

Ja, das würden wir alle gerne wissen. So ein klitzekleines Psychogramm anhand einer einzelnen Körpergeste wäre schon nett. Und deswegen saugen wir alle Deutungsversuche von Körpersprache so gierig in uns auf. Aber: Es sind eben nicht mehr als nur *Versuche*.

Wer von uns hat noch nicht über die Interpretation von Gestik und Mimik gelesen? Da wird Armeverschränken mit Abwehr, Zurückhaltung und Verschlossenheit gleichgesetzt. Lächeln gilt als Zeichen von Sympathie und unlängst habe ich gelesen: Wenn ein Mensch mindestens drei Sekunden lächelt, sei das eindeutig ein *ehrliches Lächeln*.

Das Bedürfnis, einzelnen Körpersignalen eine eindeutige Bedeutung beizumessen, ist verständlich. Wir wollen schließlich genau wissen, woran wir sind.

—— *Man muss die Dinge so einfach wie möglich machen. Aber nicht einfacher.*
Albert Einstein

Warum wir uns aber mit allzu einfachen Erklärungen zufriedengeben, hat meiner Meinung nach vor allem mit zwei Faktoren zu tun.

Faktor eins: Woher haben die meisten Menschen ihr Wissen über Körpersprache? Genau, sie haben die Quellen zur Körperspracheforschung umfassend studiert. Klar doch! In ihrem Bücherregal steht – gut sichtbar für alle Gäste – eine wohldurchdachte Auswahl an Literatur. Da finden wir B. F. Skinner neben Frans de Waal, Desmond Morris und ganz oben einen Charles Darwin. Damit auch der schlichte Besucher begreift, dass sich dieser Teil ihrer exquisiten Körpersprachebibliothek um Verhaltensforschung dreht. Dazwischen steht der Brockhaus und gleich daneben die Anatomie. Etwas weiter rechts findet sich die Neurologie. Jeder, der ein wenig Ahnung hat, weiß doch, dass in der Körpersprache ohne fundiertes Neurowissen gar nichts geht. Wolf Singer, António Damásio und Gerald Hüther stehen da fein säuberlich aufgereiht nebeneinander. Und anschließend, ganz wichtig, die Psychologie. Ja, die Menschen wissen genau: Körpersprache ist eigentlich ein Vehikel der Psychologie. Klar, alles gelesen. Wirklich alles. Das Wissen haben sie destilliert und sich darüber ein klares Bild von Körpersprache gebildet. Sicher. Ganz sicher.

Mal im Ernst, ich glaube schon, dass der eine oder andere ein Buch über Körpersprache zu Hause hat. Und ich kann auch in etwa abschätzen, wie viele es wirklich zu Ende gelesen haben. (Reinschmökern und Bildunterschriftenlesen gilt nicht.)

Aus gefühlt Hunderten von Gesprächen habe ich eine Überzeugung gewonnen: Die allermeisten Menschen kommen über den Beitrag in einem TV-Format oder einem Magazin mit Körpersprache in Berührung.

Meine Damen und Herren: Das sind (oft) keine wissenschaftlich zuverlässigen Quellen! Es handelt sich (meist) maximal um Halbwissen, wenn nicht »Nullwissen«.

Bisweilen eher unter null. Auch wenn dieses Know-how auf den ersten Blick plausibel erscheint – *Arme verschränken = Verschlossenheit*. Das klingt stringent. Klar. Blöd nur, wenn die »Experten«, die dieses Wissen publizieren, ihr Wissen ihrerseits aus zweifelhaften Quellen ziehen. Damit bekommt Halbwissen plötzlich einen offiziellen Anstrich. Denn Sie wissen ja: Was schwarz auf weiß geschrieben steht, muss wohl stimmen. Und das ist nur mehr schwer aus den Köpfen zu bringen. Leider verkürzen gerade die Redaktionen die Fakten oft so stark, dass bloß platte und eindimensionale Aussagen übrig bleiben.

Faktor zwei: Und jetzt geben Sie Acht, liebe Körpersprache-Interessierte: Die Leserinnen und Leser verlangen(!) nach eindimensionalen Aussagen. Viele Menschen wollen gar nicht tiefer tauchen. Oder wollen *Sie* sich wirklich eingehend mit dem Thema Armeverschränken auseinandersetzen? Welche Muskeln da aktiviert werden und wie die Hautrezeptoren auf den Armen verteilt sind? Was evolutionär der Sinn des Armeverschränkens gewesen ist und welche Teile des Hirns verhindern, dass wir die Arme verschränken? Wollen Sie dazu noch Studien untersuchen, wann Menschen eher dazu neigen und wann eben nicht – um schlussendlich darauf zu kommen, dass es ganz und gar nicht einfach ist, diese Geste isoliert zu deuten?

Wenn wir ehrlich sind, reicht uns eigentlich ein simpler Einzeiler: *Arme verschränken = Verschlossenheit.*
Und gleichzeitig merken Sie, dass das nicht stimmen kann. Schließlich bereitet es Ihnen selbst Unbehagen, wenn *Sie* anhand dieser Einzelsignale schubladisiert werden. Denn Sie verschränken die Arme keineswegs nur, wenn Sie verschlossen und auf Distanz sind.

———— *Um Körpersprache zu verstehen, reicht es nicht, eine Liste von Einzelsignalen auswendig zu lernen.*

Nach der Lektüre dieses Buches werden Sie die Sprache unseres Körpers tiefgreifend verstehen, ohne ein Anatomieneurologiepsychologie-Studium mit Doktorarbeit zur Verhaltensforschung abschließen zu müssen.

Auch ich bin kein Doktor, kein Wissenschaftler. Nur ein emsiger Sammler von Informationen, ein genauer Beobachter. Und vor allem ein effektiver Kombinierer vielen Wissens.

———— *Um Körpersprache zu verstehen, braucht man keine Ausbildung. Sondern Bildung.*

Was hat die menschliche Körpersprache mit der Entscheidung für ein neues Auto und dem Verlieben gemeinsam? Was hat ein Gummibaum mit Ihrer Mimik und Gestik zu tun und warum haben wir genau genommen drei Gehirne? Am Ende des ersten Teils werden Sie klare Antworten darauf haben und außerdem noch wissen, welche Rolle ein Apfel dabei spielt …

Im zweiten Teil geht es um körpersprachliche Eigenschaften, mit denen Sie besser ankommen und attraktiver wirken. Keine Angst, Sie werden von mir keine bestimmte Körperhaltung aufs Auge gedrückt bekommen. Denn Ihre Persönlichkeit ist zu stark dafür. Vielmehr wird es darum gehen, welche Muskelfasern Sie aktivieren müssen, um mehr Attraktivität auszustrahlen, und mit *welchen* Signalen Sie *wie* auf Ihre Umwelt wirken. Es geht also um *Grundprinzipien* in der menschlichen

Körpersprache, die kulturunabhängig und auf der ganzen Welt gültig sind.

Der dritte Teil klärt die größten Mythen der Körpersprache auf. All die Dinge, die seit Jahr und Tag behauptet werden, nehmen wir knallhart unter die Lupe. Kann man Lügner an der Körpersprache überführen? Werden wir tatsächlich von der Mimik und Gestik des Gegenübers manipuliert? Was bedeutet es denn nun wirklich, das Verschränken der Arme? Und was sind, um Himmels willen, die No-Gos der Körpersprache?

Dieses Buch soll für Sie wie ein Buffet sein. Beginnen Sie ganz vorne oder am Ende. Oder einfach mittendrin. Picken Sie sich das Spannendste zuerst heraus – oder behalten Sie es bis zum Schluss. Nehmen Sie das Buch immer wieder einmal zur Hand. Und sei es nur, um eine Bildunterschrift oder ein Zitat nachzulesen.

Es ist Ihr Buch. Fressen Sie es! Und betrachten Sie es am Ende nicht als »erledigt«. Es soll ein Anfang sein.

Ich wünsche Ihnen viele Aha-Erlebnisse und haben Sie viel Freude am Beobachten!

Ihr Stefan Verra

Körpersprache, die (weibl.)

Sprache ist die Abbildung von Wirklichkeit. Und auch deren Bildung. Das meinte schon Ludwig Wittgenstein. Die deutsche Sprache ist durchsetzt mit männlichen Formen. Sie bildet eine Wirklichkeit ab, wie sie Hunderte von Jahren galt und teilweise bis heute gilt (auch wenn sich in den letzten hundert Jahren in Bezug auf die differenzierte Wahrnehmung der Geschlechter weit mehr getan hat als in der gesamten Menschheitsgeschichte zuvor).

Während des Schreibens an diesem Buch ist mir die »Männlichkeit« unserer Sprache wieder bewusst geworden. Gerne hätte ich das in meiner Wortwahl berücksichtigt. Ich habe darauf verzichtet, da es das flüssige Lesen unmöglich gemacht und vom Inhalt abgelenkt hätte.

TEIL EINS
DIE BASICS DER KÖRPERSPRACHE

»Intuition ist die Summe vieler kleiner Wahrnehmungen, die das Gehirn noch nicht in Worte fassen kann.«

1

HÖREN SIE AUF IHRE AUGEN!
oder *Der Eingang zum Hirn sind unsere fünf Sinne*

Wir Menschen sind recht filigrane Wesen. Nur unter eng begrenzten Umweltbedingungen ist unser Überleben möglich. Das Leben – in unserer Form – ist ausschließlich in der dünnen Schicht zwischen der Erdoberfläche und wenigen 1000 Metern darüber gesichert. Nur da stimmen die Parameter wie Luftdruck, Sauerstoffgehalt, Temperatur, Niederschlagsmenge etc. Aber selbst wenn diese Parameter stimmen, müssen wir uns schützen, um unser Überleben zu sichern. Harte mechanische Schläge, zu grelles Licht, Bakterien, Viren … all das birgt potenziell Gefahr für unser Dasein. Im Klartext: Minus 90 Grad oder ein Klavier am Kopf – und schon sind wir tot.

Damit Sie mich nicht falsch verstehen: Ob einer von uns blind wird, weil er zu lange ins gleißende Sonnenlicht geschielt hat, ist für die Entwicklung des Homo sapiens vollkommen irrelevant. Aber wenn das uns allen passiert wäre, der Säbelzahntiger hätte leichtes Spiel gehabt. Damit wären wir evolutionär kein Erfolgsmodell geworden. Das heißt, in uns muss sich ein Mechanismus herausgebildet haben, der automatisch reagiert, sobald zumindest einer der Parameter gestört ist. Ein wichtiger Teil dieses Schutzmechanismus ist unser Gehirn. Es ist ständig damit beschäftigt, die äußeren Parameter zu überprüfen. Und sobald sich etwas verändert, startet es automatisch jene Maßnahmen, von denen es sich die größten Überlebenschancen verspricht.

Ausschlaggebend dabei ist, dass diese Maßnahmen ruckzuck in die Wege geleitet werden. Denn sowohl bei der Abwehr von Gefahren als auch bei der Nahrungssuche mussten wir vor Hunderttausend Jahren die Situation schnell erfassen und sofort handeln. Die Fast-Food-Ketten standen erst ganz am Anfang ihrer Expansion ... Und natürlich mussten wir auch bei der Fortpflanzung Blitzüberreißer sein. Damals gab es ja nur auf den wenigsten Waldlichtungen Bars und Aufrisshütten, wo Sie schnell mal hätten auf Abschlepp gehen können. Um den passenden Paarungspartner zu finden, mussten wir also immer aufmerksam sein und schnell reagieren, sobald einer in Sichtweite kam. (Jungs, das könnt ihr bis heute als Ausrede verwenden.) Auch dieses Wahrnehmen von Signalen, die zur Fortpflanzung dienen, übernimmt unser Hirn. Kurz gesagt: Alles, was für unser Überleben und damit für das Überleben der Art Mensch entscheidend ist, ist für unser Hirn besonders von Bedeutung.

Wenn sich in der Umwelt etwas verändert, gelangen diese Signale der Veränderung sofort an die sensorischen Areale des Hirns. Die verarbeiten das Signal und schicken dann über Umwege einen Befehl an die motorischen Zentren. Beispiel: Zuerst sehen Sie das Klavier vom Himmel fallen (sensorische Verarbeitung) – und dann rennen Sie (motorische Verarbeitung dieses Signals aus der Umwelt).

Woher kommen all die Informationen?

Das Gehirn muss also ständig Entscheidungen über die aktuelle Situation treffen, in der wir uns befinden. Als Grundlage seiner Entscheidungen braucht es Informationen – also Daten – aus seiner Umwelt. Da unser Gehirn diese Daten aber nicht direkt aus der Umwelt aufnehmen kann, ist es auf eine Verbindung zur Außenwelt – eine »Schnittstelle« würden Computerfuzzis sagen – angewiesen. Diese Schnittstelle, über die sämtliche Daten ihren Weg in unseren Kopf finden, teilt sich in fünf spezialisierte Kanäle auf – unsere Sinneskanäle: Augen, Ohren, Mund, Nase und Haut. Sie sind die Bindeglieder zwischen uns und unserer Umwelt. Lassen Sie sich das auf der Zunge zergehen: *Alles*, was Sie wissen, beruht auf diesen Informationen. (Und lassen Sie sich von Ihrer Frau nicht einreden, sie hätte einen sechsten Sinn – nur weil sie Sie regelmäßig beim Schwindeln ertappt. Sie benutzt dazu keinen zusätzlichen Sinneskanal. Sie ist beim Wahrnehmen über ihre Sinnesorgane nur geschickter als Sie beim Kontrollieren Ihrer Körpersprache. Und bevor Sie fragen: Tipps dazu kosten extra!)

Das, was die fünf Sinne aufnehmen, geben sie ans Gehirn weiter. Dieses urteilt entsprechend der Daten und löst Körperreaktionen aus.
Also:
1. Daten aus der Umwelt,
2. eine Körperreaktion darauf,
3. Punkt. So funktioniert es.

Ich probiere es noch einmal anschaulich: Da wir nur fünf Möglichkeiten haben, mit unserer Umwelt in Kontakt zu treten, kann keiner von uns mit absoluter Sicherheit sagen, wie die Welt »an sich« ist. Wir können nur das Abbild erkennen, das unsere fünf Sinne erfassen, aufnehmen und an unser Hirn weiterleiten – wie Platon übrigens schon vor 2500 Jahren in seinem »Höhlengleichnis« beschrieben hat. Platon meinte, dass wir die Welt gar nicht in ihrer Vollständigkeit und Gänze wahrnehmen können. Er verglich uns mit Menschen, die in einer Höhle leben. Unser Blick ist aber nicht nach außen, Richtung Höhleneingang, gerichtet, sondern wir schauen ins dunkle Ende der Höhle. Hinter uns strahlt ein helles Feuer, wir sehen die Schatten der Außenwelt an der Höhlenwand. Aber eben nur den *Schatten* der Welt und nicht die Welt an sich. Denn wir sind auf die Wahrnehmung mit unseren fünf Sinnen limitiert. Alles, was wir über die fünf Sinne nicht wahrnehmen können, ist für uns nicht existent. Und es bedarf großer Anstrengung, um uns selbst eines Besseren zu belehren.

Wir können also Information nur in Form von Bildern, Geräuschen, Gerüchen, Druck und Temperatur sowie Geschmack aufnehmen. Jegliche Information, die nicht diesen Parametern entspricht, können wir (ohne Hilfsmittel) nicht wahrnehmen. So gelangen Gefahren, die nicht über die fünf

Lesen Sie mehr in
Kapitel 2

Sinne wahrgenommen werden, nur über den *Vernunftverstand* (Neocortex) an unser Hirn. Und es ist verdammt schwer, über diesen Kanal eine Ad-hoc-Reaktion beim Menschen zu evozieren. Ein Atomunfall wird erst durch dramatische Medienberichte für uns zur Gefahr, ebenso wie das Ozonloch eine abstrakte Gefahr für uns bleibt. Ganz einfach, weil wir keinen Sensor haben, um radioaktive Strahlung oder UVA- und UVB-Strahlen zu erkennen.

Was uns zu einer wichtigen körpersprachlichen Grundlage führt:

Unser Hirn kann Umweltdaten nicht direkt aufnehmen. Es braucht dafür Zugangskanäle. Das sind die Sinneskanäle.

Zwei Richtungen der Kommunikation

Das Gehirn benutzt zur Kommunikation im Wesentlichen zwei Möglichkeiten: Es sagt entweder: »Das tut uns gut, ich will mehr davon«, oder aber: »Das gefährdet uns, das will ich von mir fernhalten.«

Um nun zu erkennen, ob unser Hirn bzw. das Hirn des Gegenübers mehr oder weniger Daten von der aktuellen Situation haben will, reicht es, die Sinneskanäle zu beobachten.

Will es mehr Daten, so öffnet es sämtliche Zugangskanäle, wendet sie also der Quelle zu. Genau das Gegenteil macht es, wenn Gefahr oder Unangenehmes lauert. Es wendet sich ab und verschließt alle Eingangskanäle. Das heißt, Augen, Haut, Ohren, Nase und Mund werden nach Möglichkeit geschlossen oder abgewendet.

Vor Kurzem habe ich das erste Mal beobachtet, wie mich mein fünfjähriger Sohn angelogen hat. Was war passiert?

Ihm war sein Ball auf die andere Straßenseite gerollt. Ich hatte ihm eingebläut, dass er nur ja nicht über die Straße dem Ball nachlaufen solle, da ein Auto ihn übersehen könnte. Ich war mir nicht sicher, ob jemand den Ball für ihn zurückgeholt hatte oder ob doch er selbst ihm über die Straße nachgelaufen war. Auf meine Frage insistierte er beständig: »Nein, ich nicht.« Aber ich hatte das Gefühl, dass er nicht die Wahrheit sagte. Ich blieb anschließend lieber in seiner Nähe, um den Ball das nächste Mal für ihn zu holen.

Woher ich ahnte, dass er mich angelogen hatte? Ganz einfach: Er hatte es bei der entscheidenden Frage, »Bist du über die Straße gelaufen?«, nicht ausgehalten, mich anzuschauen. Mir war sehr schnell klar, welche Show sein Gehirn hier abzog: »Der Alte nervt mich – also aus den Augen, aus dem Sinn mit ihm.« Ich versuchte, seinen Neocortex (das »Vernunfthirn«) dazuzuschalten und bat ihn mit ruhiger Stimme, mich bei der Antwort anzuschauen. Bis kurz davor schaffte er es auch, doch bei der Antwort selber fielen ihm seine Augenlider immer wieder nach unten. In diesem Fall ist hoch wahrscheinlich, dass sein Hirn bei der Lüge den Anblick seines Vaters (diese ganz spezielle Umweltinformation) nicht haben wollte.

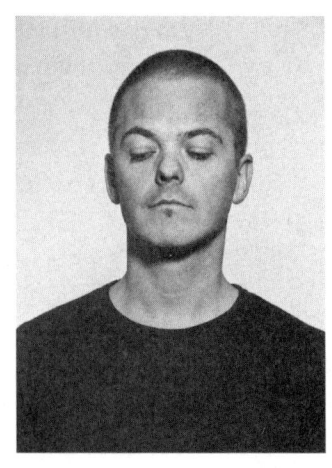

Wenn ich ihn nicht sehe, ist er vielleicht gar nicht da?

Bitte lesen Sie die folgenden Zeilen jetzt ganz genau und auch gern zweimal: Wenn der Blick gemieden wird, heißt das in erster Linie, dass das Gehirn in diesem Moment die visuelle Information, die das Gegenüber immer automatisch aussendet, nicht haben will. Es bedeutet nicht automatisch, dass der andere lügt!

Geneigter Leser, Sie sind in Sorge. Das spüre ich. Sie sind in Sorge um meine Kinder. »Wie kann dieser Körpersprachenheini nur so herumdoktern bei seinen sicherlich unschuldigen Kindern?!« Bleiben Sie ruhig hierhergeneigt. Es ist nämlich nicht so, wie Sie denken. Meine Kinder sind das gewohnt. Schließlich habe ich früh damit begonnen, ihre Körpersprache zu analysieren. Um genau zu sein, schon kurz nach ihrer Geburt habe ich mich mit der Sprache ihres Körpers beschäftigt. Aber ansonsten sind wir eine ganz normale Familie! Ich schwörs.

Ob das Hirn mehr oder weniger Informationen braucht, zeigen einem die Sinnesorgane

Die Augen

Lesen Sie mehr in Kapitel 4

Die Augen sind in vielen Bereichen der entscheidendste Kanal.

Der Spruch »Aus den Augen, aus dem Sinn« trifft zu. Wenn unser Hirn eine Information ablehnt, reagieren unsere Augen sofort. Sie verschließen sich. Manchmal ganz eindeutig und wortwörtlich, meist aber sehr subtil.

Vor einigen Jahren ist im Zielschuss der weltbekannten Skiabfahrt in Kitzbühel ein Skirennfahrer schrecklich zu Fall gekommen. Direkt vor der Zuschauerarena, wenige Meter vor der Ziellinie, blieb er nach einem Sturz mit über 100 km/h bewusstlos liegen. Sein Körper zitterte und zuckte von oben bis unten. Keiner wusste im ersten Moment, ob hier ein fataler Unfall passiert war (was zum Glück nicht der Fall war). Als die Kamera die Reaktionen der Zuschauer einfing, hielten viele Augen, Mund und

Ohren, manche sogar das ganze Gesicht mit den Händen verdeckt. Der Anblick war so unerträglich, dass das Gehirn schlicht den Befehl gegeben hat: Diese Information will ich nicht haben.

Der Fußballer verdeckt seine Augen nach verschossenem Elfmeter, ebenso die Fans.

Verliebte können nicht genug vom Anblick des anderen bekommen und versinken mit ihren Augen regelrecht in der geliebten Person. Über die Jahre

Das darf nicht wahr sein! Elfmeter verschossen!

ändert sich das schleichend. Und irgendwann ist die Zeitung am Morgen visuell attraktiver als … ach, lassen wir das besser.

Beim Quiz, wenn einem die Antwort auf der Zunge liegt, kommt es vor, dass manche Menschen ihre Augen fest verschließen. Das Hirn ist in dem Moment so sehr mit Erinnern beschäftigt, dass es zusätzliche visuelle Informationen nicht gebrauchen kann. Beobachten Sie im nächsten Meeting, wenn der Chef seine Reden schwingt, doch mal Ihre Kolleginnen und Kollegen. Vielleicht schaut der eine verstohlen auf sein Handy, überfliegt die andere die Agenda zum x-ten Mal und blickt ein anderer geistesabwesend in die Luft? Ganz einfach: Die visuelle Erscheinung des Vortragenden ist für das Hirn nicht relevant genug. Noch deutlicher wird es, wenn der Chef ein Thema anspricht, das auf Ablehnung trifft. In diesem Moment werden Sie Zeuge, wie die Augen von einigen Mitarbeitern seinen Blick gezielt meiden und stattdessen den Blickkontakt zu Kollegen suchen werden (»Ich will diese Info

Lesen Sie mehr in Kapitel 9

vom Chef nicht haben, viel wichtiger ist mir jetzt zu sehen, wie die anderen darüber denken«).

Wenn Sie ein Geschäft betreten und »nur mal schauen«, von der Verkäuferin also in Ruhe gelassen werden wollen, können Sie an sich selbst beobachten, wie Sie ihren Anblick eher meiden. Benötigen Sie dann aber doch Hilfe, da Sie etwas in Ihrer Größe nicht finden können, werden Sie wahrscheinlich als erste körpersprachliche Reaktion mit Ihren Augen eben diese Mitarbeiterin suchen. Und Sie kennen das, wenn Politikerinnen und Politiker vor Wahlen Tausenden Menschen die Hand schütteln. Während sie die Hand einer Person schütteln, ist ihr Blick schon weitergeschweift.

Das Vermeiden von Augenkontakt ist auch ein Zeichen von: »Ich will oder brauche diese Information nicht. Sie ist mir im Moment nicht relevant genug.« Zumindest die visuelle. Oft passiert das Verschließen der Augen auch in Nuancen. Wenn sie zu Schlitzen geformt werden, wirkt das auf uns meist skeptisch. Dabei geht das Hirn in diesem Moment einfach sehr selektiv mit Informationen um und verengt die visuellen Eingangstore, um genau zu überprüfen, ob es die Information durchlassen will oder nicht. Auch das Fokussieren bei schlechter Sicht ist im Grunde nichts anderes, als alle irrelevanten Informationen vom Blickfeld auszuschließen. Information wird nur ausgewählt durchgelassen.

Zunahetreten – Selbstversuch, die Erste

Kommen Sie einer Person unerwartet zu nahe. Gehen Sie Schritt für Schritt auf sie zu. So nah, dass nur mehr wenige Zentimeter zwischen Ihnen sind. Da Sie zu weit in den persönlichen Bereich der Person eingetreten sind, wird ihr Körper sofort reagieren. Zuerst werden Sie nur subtile Bewegungen über die Körpersprache erkennen. Je näher Sie aber kommen, desto mehr wird Ihr Gegenüber sich körperlich verändern. Vielleicht macht es einen Schritt zurück, wendet sich ein wenig ab oder hält die Tasche schützend vor sich. Wahrscheinlich ist eines der ersten Signale, die die andere Person aussenden wird, das Meiden des Augenkontakts. Ihr Kopf wird sich nach links oder rechts wenden. Der Blick kann auch schon mal gen Himmel gerichtet sein. Vor dem Abwenden des Blicks erhöht sich die Blinzelfrequenz und die Zeit, die das Auge geschlossen ist, verlängert sich. Das Gehirn will ganz einfach ausblenden.

Die Haut

Die Haut ist unsere schützende Hülle. Diese Membran bildet unseren großflächigsten Kontakt zur Außenwelt. Deswegen gehen wir – *unbewusst* – sehr selektiv mit ihr um. Natürlich kann sich die Haut nicht abwenden oder verschließen, denn wir sind ja vollständig von ihr umgeben. Aber unsere Haut ist nicht überall gleich sensibel. Die Rezeptoren, die die Information ans Hirn weiterleiten, sind höchst unterschiedlich auf ihr verteilt: Die Außenseiten der Arme sind weniger sensibel als die Innenseiten. Ebenso verhält es sich mit Handrücken und Handflächen und mit Nacken und Hals, Oberschenkelaußen- und -innenseite, Rücken und Bauch.

Lesen Sie mehr in Kapitel 8

Als Daumenregel gilt: Stellen Sie sich vor, Sie formen sich zu einer Kugel. Das Äußere der Kugel ist unempfindlicher als das Innere.

Und genau über diese Differenz offenbaren wir uns. Fühlen wir uns in einer Situation wohl, fällt es uns leichter, unsere sensiblen Stellen zu zeigen: Handflächen werden in entspannten Situationen eher geöffnet, es fällt uns leichter, den Arm über die Stuhllehne zu legen, und beim Fernsehen zu Hause öffnen wir eher unsere Oberkörpervorderseite und lümmeln schon mal breitbeinig auf der Couch.

In Stresssituationen fühlen wir uns meist besser mit einer verschlossenen Körperhaltung. Sie erscheint uns dann sogar »natürlicher«. Im Wartezimmer des Arztes verschränkt man eher die Hände oder Arme vor dem Rumpf. Wohingegen beim Popkonzert in der ersten Reihe wohl nur die wenigsten verschränkte Arme als angemessene Haltung empfinden würden. Ganz so, wie wir bei Kälte, Wind und Regen unsere sensiblen Stellen verstecken, machen wir das in jeder Situation, in der wir uns unsicher fühlen. Je unwohler wir uns fühlen, desto mehr formen wir uns zu einer Kugel.

Der Mund

Neben der Haut ist der Mund schon seit Urzeiten unser wichtigster Zugangskanal. Denn Orientierung und Nahrungsaufnahme passiert seit Millionen von Jahren genau über diese zwei Kanäle. Um zu überleben, nehmen die meisten Lebewesen die Umwelt über den oralen Kanal auf: Über den Mund nehmen sie Nahrung und Sauerstoff auf und erspüren Oberflächen.

Wir Menschen haben uns da nur wenig weiterentwickelt. Auch Babys und Kinder erfahren ihre Umwelt phasenweise sehr stark über den Mund.

Auch hier gilt: Wenn das Hirn mehr Umweltdaten will, zeigt es das auch über den Mund. Beobachten Sie Kinder beim Fernsehen. Wenn sie etwas wirklich Spannendem folgen, schauen sie nicht nur mit großen Augen, sondern auch mit geöffnetem Mund in die Glotze. Wenn aber der Bösewicht die Szene betritt, klappt der Unterkiefer nach oben – der Mund wird verschlossen. Und wenn es ganz hart kommt, werden Mund und Augen schon mal mit einem Kissen verdeckt.

Hören wir jemandem ganz gebannt zu, tun wir das auch oft mit leicht geöffnetem Mund. Es bleibt uns »vor Staunen der Mund offen stehen«.

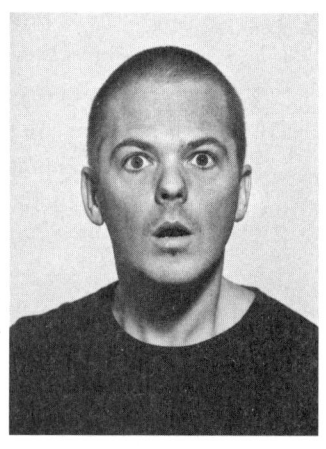

»Da bleibt mir vor Staunen der Mund offen stehen«

Das Hirn hat mehr Informationsbedürfnis und öffnet deswegen alle Schleusen. Allerdings fällt es uns dann schwerer, hoch konzentriert zu arbeiten. Wenn das Hirn mit einer Sache vollauf beschäftigt ist, schließt es andere Informationen weitestgehend aus, um nicht abgelenkt und überfordert zu werden. So fällt es uns übrigens schwerer, eine Rechnung im Kopf zu lösen, wenn der Mund geöffnet ist. Probieren Sie es mal aus!

Ablehnung geht bisweilen mit dem Gegenteil einher: Das starke aufeinanderpressen der Ober- und Unterlippe ist wohl kein Zeichen von Aufnahmebereitschaft. Die sprichwörtliche Schmallippigkeit hat da ihren Ursprung.

Hoch konzentriert bleibt der Mund fest verschlossen – das Gehirn ist mit dem Denken ausgelastet: Kein Platz für weitere Infos

Deswegen sind für Werbeposter und Wahlplakate die abzubildenden Personen stets angehalten, den Mund leicht zu öffnen. Das wirkt aufnahmebereiter und offener auf den Betrachter.

Die Hand vor dem Mund, flach oder als Faust geballt, manchmal auch nur ein Finger auf die Lippen gelegt, kann auch ein Zeichen in Richtung Verschlossenheit sein. Oder Nachdenklichkeit, weil man geistig so beschäftigt ist, dass neue Informationen keinen Platz haben.

Auch an der Zunge können wir Ablehnung erkennen. Wenn Babys an der Brust der Mutter trinken, können sie verbal noch nicht mitteilen, wann sie genug haben. Sie müssen es körpersprachlich zeigen. Deswegen drängen sie die Brustwarze mit ihrer Zunge aus dem Mund heraus. Das Gleiche machen sie, wenn sie den Schnuller nicht mehr wollen und ihn mit den Händen noch nicht loswerden können. Mit ein paar Jahren tun sie genau das Gleiche, wenn ihnen das Essen nicht schmeckt. Sie stoßen ihre Umwelt weg, indem sie die Zunge aus dem Mund schieben und gleichzeitig »Wäääh!« schreien. Im Erwachsenenalter fällt das »Wäääh!« meist weg. Das kurzzeitige Herausschieben der Zungenspitze kann(!) aber ein Signal in dieselbe Richtung sein.

Doch wir verschließen den oralen Kanal nicht nur, wenn wir etwas nicht aufnehmen wollen, das für eben diesen Kanal bestimmt ist. Unser Hirn verschließt ihn ebenso, wenn wir ein Wort hören, das uns missfällt, eine Beleidigung oder etwas Vulgäres. Auch bei hässlichen Bildern verziehen wir den Mund, als würden wir etwas Übelkeiterregendes essen.

Die Ohren

Die Ohren sind eine Herausforderung, gerade wenn es darum geht, sie zu verschließen, da wir die Ohren nicht bewegen können. Ebenso fällt es dem Gegenüber schwer, zu erkennen, ob sie verschlossen sind oder offen. Wir sind dabei auf die Rundummuskulatur angewiesen. Sie gibt uns indirekt Aufschluss: Ist jemand interessiert, auditive Information aufzunehmen, kommt er oft mit dem ganzen Kopf näher. Bisweilen wird der Kopf geneigt oder seitlich gedreht: Der Zuhörer »schenkt« der Informationsquelle »ein Ohr«. Wenn wir eine leise Tonquelle gut hören wollen, legen wir die Hand außen um das Ohr herum und vergrößern damit unsere Ohrmuschel. Noch öfter führen wir das in subtiler Form aus, indem wir eine Hand nur in die Nähe des Ohres bringen.

Bei extremem Lärm verziehen viele Menschen das Gesicht zu einer Grimasse. Dabei werden die Wangenmuskeln nach hinten gezogen. Auch der Augenringmuskel wird aktiv

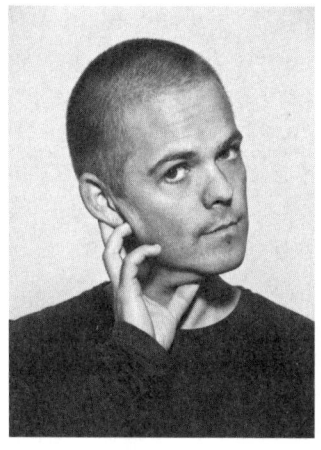 

»Ich bin ganz Ohr« – wir öffnen unseren Sinneseingang so weit es geht, wenn wir besser hören wollen

Zu laut, zu hell, zu viel? Sichtbar werden verschlossen: Augen und Mund; unsichtbar: die Ohren, mithilfe der Muskelanspannung

und formt die Augen zu Schlitzen. Mithilfe dieser Muskelanspannung wird der Gehörgang ein wenig geschützt – eine Reminiszenz an jene Urzeiten, in denen die Ohren unserer Vorfahren noch beweglich waren, wie es heute noch bei Hunden und Katzen der Fall ist. Die gleiche Grimasse können Sie übrigens erkennen, wenn jemand ein Wort oder ein unangenehmes Geräusch nicht hören will. Wir versuchen dann schlicht, die Lauscher abzuwenden.

Die Nase

Auch dieser Kanal geht mit seinen Signalen subtiler um. Vor wirklich unangenehmen Gerüchen schützen wir uns, indem wir einfach den Naseneingang mit den Fingern verschließen. Im Alltag äußert sich ein Unwohlsein jedoch manchmal bloß über ein wiederholtes Streichen über das Organ, als wolle man etwas Störendes wegwischen. Wie auch beim Gehörgang verziehen wir unser ganzes Gesicht, um die Nase so weit es geht zu verschließen. Wir »rümpfen unsere Nase« – auch über Dinge, die gar keinen Geruch aussenden, wie zum Beispiel ein missliebiges Argument, weil unser Gehirn den Befehl des Verschließens an möglichst viele Eingangskanäle aussendet.

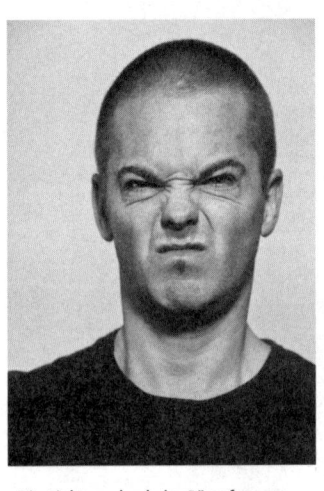

»Mir stinkts« – durch das Rümpfen verschließen wir so weit es geht unsere Nase

Auch streichen wir uns manchmal mit der Hand über die Nasenlöcher, obwohl gar kein Popel daran hängt … Früher lasen wir vieles vom Boden auf, von dem wir uns ernährt haben. Bevor wir hineinbissen, mussten wir aber prüfen, ob die Frucht oder das Obst oder der Pilz vielleicht verdorben war: Wir haben es also zur Nase geführt und daran gerochen, um zu erfahren, was wir davon zu halten hatten. Um heute zu wissen, was wir von einer Idee halten sollen, machen wir eine ähnliche Geste: Wir streichen uns mit der Hand über die Nasenlöcher, ganz so, als wollten wir an unserem Handrücken riechen.

Und wenn wir uns unsicher fühlen, führen wir eine ganz besondere Geste aus: Wir suchen nach dem, was uns am Allervertrautesten ist. Uns selbst. Wir können uns selbst »gut riechen«, sozusagen. Da führen wir schon mal die Handfläche Richtung Nase, sodass wir unseren Eigengeruch am intensivsten aufnehmen können. Wir fühlen uns übrigens auch am sichersten an den Orten, die nach uns selbst riechen: das eigene Bett und insgesamt unsere eigenen vier Wände.

Die Körperhaltung

Die Körperhaltung ist natürlich kein Sinneskanal, aber sie erlaubt uns als Ganzes Einblicke in die Befindlichkeit von Menschen. Je mehr Informationen wir haben wollen, desto näher bringen wir all unsere Eingangskanäle an die entsprechende Quelle heran, von der wir sie erfahren können. In Gesprächen ist es darum nützlich und wichtig, die Bewegungen des Gesprächspartners zu verfolgen, wollen wir ihn uns gewogen machen. Bei Interesse lehnt er sich vor, wendet uns den Kopf zu, rückt mit dem Stuhl näher. Vielleicht stützt er sich sogar auf dem Tisch auf. Damit er so nahe kommt, wie er nur sein kann.

Das Gegenteil ist der Fall, wenn das Gegenüber das Gespräch als unangenehm empfindet: Die Person wird sich zurücklehnen, vielleicht das Gesicht verziehen, die Arme unterschlagen. Wenn Sie solche Signale nicht beachten, erkennen Sie im schlechtesten Fall zu spät, dass Sie Ihr

Gegenüber vielleicht negativ erreicht haben und Ihren Gesprächspartner eventuell für diese Unterhaltung »verloren« haben.

Also Augen und Ohren offen halten! Und am besten auch noch Mund, Nase und Haut.

Die Sinnesorgane sind der Zugang unseres Gehirns zur Umwelt. An ihren Reaktionen erkennen Sie, ob Ihr Gehirn oder das Ihres Gegenübers mehr oder weniger von der Umgebung erfahren will.

Haben Sie immer alle Sinneskanäle im Blick. Es kommt vor, dass das Hirn nicht den Zugang verschließt, an den sich die Information eigentlich richtet, aber dafür alle anderen Kanäle.

2

PITBULLS UND SO
oder *Warum Körpersprache entscheidet*

Moment mal. Jetzt sind die Daten zwar im Hirn, aber was passiert weiter mit ihnen? Um Körpersprache besser und grundlegender zu verstehen, müssen wir tatsächlich in unseren Kopf hineinschauen. Was macht unser Hirn mit all den Umweltdaten, die es über die fünf Sinne aufnimmt?

Wozu eigentlich ein Hirn?

Das haben wir uns doch alle schon mal gefragt. Wieso hat sich die Evolution den Kraftakt angetan, dieses komplexe Gelee zu entwickeln? (Wo es doch bei manchen Menschen scheinbar auch ohne geht …) Seine Entstehung hätte womöglich gar nicht stattgefunden oder zumindest anders ausgesehen, wären wir ein Gummibaum. Wie der in Ihrem Wohnzimmer. Der steht dort herum, zieht seine Energie aus der Erde im Topf und dem Licht, das durchs Fenster kommt. Blöd nur, wenn Sie vergessen, ihn zu gießen, und die Vorhänge dauernd geschlossen lassen. Dann hat er ein Problem, der Gummibaum, und wird früher oder später eingehen. Das Einzige, was ihn retten würde? Er müsste sich in Ihr Badezimmer bequemen und sich dort unter die Dusche stellen. Aber das kriegt er nicht hin. Um nämlich dorthin zu gelangen, müsste er sich fort*bewegen*. Und um diese Bewegung ausführen zu können, bräuchte er zum einen Nerven, zum anderen Muskeln. Vor allem aber wäre so etwas wie eine Steuerzentrale notwendig, um diese Nerven und Muskeln zu koordinieren. Diese Zentrale müsste Bewegungsabläufe des Gummibaums so regeln, dass ein Standortwechsel möglich wäre. Aber haben Sie schon einmal einen Gummibaum gehen gesehen? Eben. Jetzt wissen Sie auch, warum er kein Hirn hat. Also gehen Sie ihn gießen!

Dass unser Gehirn tatsächlich vor allem für die Steuerung von Bewegung entstanden ist, führen uns entfernte Verwandte drastisch vor Augen. Diese Tierchen schmeißen ihr Gehirn aus dem Körper heraus, sobald sie keinen Gebrauch mehr davon machen.

Es sind die Seescheiden: Im Larvenstadium haben sie im Körperbau einiges mit uns Menschen gemein (so viel, dass man sogar davon ausgeht, dass wir dieselben Vorfahren haben). Neben einem Prämodell der Wirbelsäule besitzen sie auch den Ansatz eines sehr primitiven Gehirns. In diesem frühen Entwicklungsstadium schwimmen die Seescheiden im Wasser frei herum, immer auf der Suche nach einem Grundstück mit Meerblick. Sobald sie den passenden Baugrund gefunden haben, an dem die Meeresströmung bequem genug Nahrung in ihre Mundöffnung spült, setzen sie sich dort fest. Von dem Moment an bewegen sich die Seescheiden von ihrem Platz nicht mehr weg (ein bisschen wie Schrebergartenbesitzer). Da sie sich von nun an nicht mehr bewegen, brauchen sie auch keine Steuerzentrale mehr. Und so bilden sie einfach ihr Gehirn zurück, so weit, dass es im erwachsenen Tier nicht mal mehr nachweisbar ist.

Der ursprüngliche Zweck des Gehirns war also die Bewegungssteuerung. Erst damit hat seine Entwicklung überhaupt begonnen. Auch heute ist der größte Teil des Hirns aller Lebewesen damit beschäftigt, Bewegungen zu koordinieren. Und nicht damit, zu denken! Auch bei uns Menschen.

Damals, vor einigen Millionen Jahren, als wir als kleine Wirbeltiere noch im Wasser herumplanschten, war das Leben irgendwie cool. Kein Fensterputzen, keine Riesterrente, die steigenden Treibstoffpreise waren uns scheißegal. Wir haben uns einfach unseres Lebens erfreut. Das heißt, wir haben gefressen und uns vermehrt. (Moment, ist das heute so anders? Ach ja. Wir schlagen die Zeit dazwischen mit unserem Job tot.)

Der Hintern als Impulsgeber

Während Sie so herumgeschwommen sind, ist es schon mal vorgekommen, dass Ihnen ein anderes Lebewesen in Ihren Hintern gebissen hat. Da haben Sie sich gedacht: »Wenn ich *hinten* gezwickt werde, würde ich das *vorne* doch gern mitkriegen.« Und so ist Mutter Natur hergegangen und hat eine Datenleitung von ganz hinten nach ganz vorne gelegt. Diese Datenleitung ist eigentlich eine Nervenleitung. Sie führt durch den Spinalkanal. Seitdem bekommen Sie bei einem Biss ins Hinterteil sofort Meldung an Ihr Vorderteil.

Und was haben Sie dann mit dieser Information gemacht? Wieder ist Mutter Natur eingesprungen und hat (nach vielen Fehlversuchen) am oberen Ende der Datenleitung einen Zellhaufen gebildet. Aus diesem Zellhaufen ist das erste Hirn entstanden. Das Stammhirn, auch Reptilienhirn genannt. Das hat dann die Bissinformation klassifiziert in »Das taugt nicht« und »Oh, mmmmhhhh, das gefällt mir«. Bei »Das taugt nicht« galt es, die Entscheidung zu fällen: Kampf oder Flucht. Aus »Oh, mmmmmh, das gefällt mir« sind irgendwann wir alle entstanden. Das Stammhirn hat bei diesen ganz frühen Lebewesen vor allem für die unmittelbare Reaktion auf Umweltinformationen gesorgt. Darüber wird unsere Homöostase geregelt. Das heißt, der Körper prüft, ob unsere inneren Vorgänge glattlaufen. Atmung, Herzschlag, Blutzucker, Körpertemperatur ... oder ob sie durch äußere Vorgänge gefährdet sind. Und es passiert hier noch so einiges mehr – aber, hey, das hier ist ein Buch über Körpersprache. Wenn Sie mehr über die Vorgänge in Ihrer Birne wissen wollen, lesen Sie doch ein Buch über Neurologie!

Immer weitere Mutationen haben über die Zeit für eine Menge Zellmüll gesorgt. Und das Hirn ist so beständig größer geworden. Irgendwann hat sich dieser Müll wieder sinnvoll zusammengesetzt: Geboren war das Mittelhirn. Der nächste entscheidende Schritt war möglich: Gefühle. Eine weitere Fähigkeit des Mittelhirns hat unsere Welt damals revolutioniert: Lebewesen konnten plötzlich soziale Entscheidungen treffen! Die Einordnung »Bin ich meinem Gegenüber über- oder unterlegen?« war erstmals möglich.

Pitbulls und so

Stellen Sie sich ein Reptilienhirntier vor. Zum Beispiel eine Eidechse. Liegt diese Eidechse in der Sonne und eine zweite Eidechse flitzt über sie hinweg, ist ihr das vollkommen wurscht. Führen wir dasselbe Experiment mit einem Tier mit ausgebildetem Mittelhirn durch, zum Beispiel einem Hund: Ein Rottweiler liegt in der Sonne und ein Pitbullterrier will über ihn springen … Mann, was glauben Sie, was das für eine Party gibt? Denn die Hunde überprüfen sofort ihre soziale Einordnung. Ist der andere Hund hierarchisch über oder unter mir? Verletzt er mein Territorium? Darum ist uns ein Hund auch ein weitaus angenehmeres Haustier als eine Eidechse – die zickt schon herum, wenn Sie ihr das Halsband umlegen wollen. Der Hund nicht. Weil er sich immer dem Alphatier (dem Frauchen oder Herrchen) unterordnet. Sobald er Sie akzeptiert hat, tut er, was Sie ihm sagen. (Bei unseren Kindern bringen wir das bis heute nicht hin.) Aber nicht aus altruistischen Beweggründen, sondern weil das Alphatier ihm im Gegenzug Sicherheit bietet.

Lesen Sie mehr in Kapitel 11

Viel, viel später hat sich ein weiterer Teil des Hirns entwickelt: der Neocortex oder das menschliche Hirn (neueres Säugetierhirn). Damit können wir unter anderem vernünftig denken, sprechen und uns Gedanken über die Zukunft machen.

In den drei Hirnen werden also Grundsatzentscheidungen getroffen:
• Im Stammhirn gehts ganz stark um Kampf oder Flucht.
• Das Mittelhirn steuert unsere sozialen Einschätzungen.
• Und das Großhirn denkt eigentlich nur »vernünftig« darüber nach, warum wir die vorgenannten Entscheidungen getroffen haben. Es ist nämlich zu langsam, als dass wir es zur Entscheidungsfindung einsetzen könnten.

Lesen Sie mehr in Kapitel 5

Das alles ist sehr vereinfacht dargestellt. Es fußt unter anderem auf den Erkenntnissen des Hirnforschers Paul D. MacLean. Es gäbe nach heutigem Forschungsstand sicher einiges zu ergänzen. Im Grundsatz ist das Modell aber nach wie vor gültig. Und es liefert uns für das Verstehen von Körpersprache eine wichtige Basis.

Körpersprache beeinflusst uns unbemerkt

Lesen Sie mehr in
Kapitel 1

Wie wir im Kapitel »Hören Sie auf Ihre Augen!« gesehen haben, holt sich unser Hirn die Umweltdaten über die fünf Sinne, vor allem über unsere Augen. Wenn sich die Umwelt nun verändert – und der Auftritt einer Person ist eine dramatische Umweltveränderung! –, muss das Hirn blitzschnell entscheiden: Besteht Gefahr oder nicht? Diese Entscheidung läuft *seriell* ab: Das erste Urteil trifft das *Stammhirn*.

Trägt die Veränderung der Situation zu meiner Stabilität bei – oder wird sie gefährdet? Vereinfacht ausgedrückt: Vermittelt mir diese Person ein Sicherheitsgefühl oder ein Unsicherheitsgefühl?

Hierbei geht es nicht darum, wie diese Person *ist*, sondern: Was löst ihre äußere Erscheinung in mir aus? Damit einher gehen körpersprachliche Reaktionen. Bei Gefahr werden die Schutzmechanismen aktiviert, wie das Verschließen der Sinnesorgane, das Krümmen der Gliedmaßen und Aktivieren der Beugemuskulatur.

Lesen Sie mehr in
Kapitel 8

Das Gegenteil ist der Fall, wenn wir uns sicher fühlen. Das können Sie an sich selbst beobachten, wenn Sie sich in fremder Umgebung verloren fühlen. Auf die Anspannung folgt die Entspannung blitzschnell, sobald Sie etwas Vertrautes entdecken.

Millisekunden nach dem Auftreten der Person hat das *Mittelhirn* schon ein Gefühl zu diesem Menschen. Von

Sympathie zu sprechen wäre zu konkret. Eher trifft es der Gedanke: Will ich mich mit dieser Person weiter beschäftigen oder nicht? Dieser Teil unseres Hirns hat jetzt auch schon ein hierarchisches Urteil gefällt: Ist mir diese Person über- oder unterlegen? Beobachten Sie sich selbst, wenn Sie unter fremden Menschen sind, zum Beispiel in öffentlichen Verkehrsmitteln. Zu jedem einzelnen Menschen werden Sie ein Gefühl der Über- oder Unterlegenheit haben. Dem Schulmädchen gegenüber, das schüchtern zu Boden blickt und seine Tasche fest am Schoß hält, werden Sie sich anders einordnen als gegenüber dem grau melierten Herrn in elegantem Businessanzug, der distinguierte, bedachte Bewegungen macht.

Dementsprechend senden Sie unterschiedliche Signale aus, wenn Sie mit der jeweiligen Person in Kontakt treten. Zum Beispiel wenn Sie an ihr vorbeimüssen oder ihr beim Aussteigen den Vortritt lassen.

Erst jetzt schaltet sich der *Neocortex* ein. Dieser findet nun Erklärungen für das, was im Stamm- und Mittelhirn vor sich geht. Er versucht zu ergründen, warum wir das Schulmädchen so reizend finden (weil es eben ungefährlich ist) und warum wir den grau melierten Herrn garantiert für einen dieser verbrecherischen Banker halten (weil wir uns ihm unterlegen fühlen). Die Arbeit des Neocortex kann sich direkt körpersprachlich auswirken – indem er die vorangegangenen Reaktionen hemmt oder verstärkt, je nachdem zu welchen Schlüssen er gelangt.

Wir treffen also die wichtigsten Urteile, noch bevor wir es (bewusst) mitbekommen. Und sind somit bei der Entscheidung eigentlich bewusst gar nicht involviert. Wir haben keinen Zugriff auf diese Entscheidungen. Wir können nur nachträglich darüber reden.

Es geht vor allem um diese schnellen, unbewussten Einschätzungen von Menschen, die wir nicht immer freiwillig treffen.

Eckart von Hirschhausen erklärt dieses Phänomen sinngemäß salopp damit, dass es wie beim Sprecher der Bundesregierung sei: Der könne auch nur kommentieren, was woanders schon entschieden worden sei. Ohne ihn.

>> *Sie gehen nach Feierabend noch ein wenig shoppen. Denken sich:»Jetzt tu ich mir was Gutes und investiere 50 Euro in eine Klamotte.« Es ist gerade Sonderschlussverkauf und Sie erstöbern einen Pullover, der so elegant ist! Und in Ihrer Größe ist er auch noch auf Lager. Sie probieren ihn an und sehen super darin aus. Beim Ausziehen sehen Sie auf dem Preisschild, dass dieses Modell leider von der Reduzierung ausgenommen ist. Und nicht 49 Euro, sondern 89 Euro kostet.*

Von jetzt an ist Ihre Vernunft nur mehr Erfüllungsgehilfe Ihrer älteren Gehirnteile, die ihr Urteil bereits gefällt haben. Denn Sie legen den Pullover nicht etwa zurück. Neeeein. Ihre Ratio arbeitet auf Hochtouren, um vernünftige Gründe dafür zu finden, das Ding doch über den Kassenscanner ziehen zu lassen. (Frauen brauchen dafür übrigens ca. 4/1000 Sekunden.) Da muss schon mal das Etikett herhalten:»Oh, bei dem hochwertigen Material ist es ja nur vernünftig, ein wenig mehr auszugeben, und die Farbe passt zu fast allem in meinem Kleiderschrank. Da spare ich dann ja sozusagen noch Geld ...«

Bei Männern gilt das Gleiche. Sie kaufen ihren Luxusschlitten nicht, weil die Sicherheitsausstattung so umfangreich, der Verbrauch so sparsam und die Sitze so rückenschonend sind. Nein, sie sehen das Auto, finden die Marke geil und brauchen jetzt eine Menge vernünftiger Gründe, um sich rational zu erklären, warum sie für dieses Spielzeug mehr ausgeben als für sonst etwas im Leben. **«**

Die meisten Körperreaktionen sind vorbewusst. Sie finden also statt, noch bevor der bewusste Verstand überhaupt aktiv wird. Damit ist vieles an unserer Körpersprache nicht steuerbar. Und gerade deswegen ist es so wichtig, auf Körpersprache zu achten. Auf die unseres Gegenübers, aber eben auch auf die eigene. Sie verrät über uns Menschen weit mehr, als wir je mit unserem bewussten Verstand wahrnehmen oder gar verbergen könnten!

Ob Ihre Schulfreundin damals gelernt hatte oder nicht, haben Sie bereits im dem Moment gewusst, als sie aufgerufen wurde. Ihre innere Befindlichkeit hat sich nach außen hin sofort gezeigt. Und ob in ihrer Liebesbeziehung etwas schiefläuft, kann sie bis heute beim besten Willen nicht vor Ihnen verheimlichen. Die vorbewussten Reaktionen des Hirns Ihrer Schulfreundin auf Vorgänge in ihrer Umgebung sowie ihre inneren Befindlichkeiten manifestieren sich sofort körperlich. Und das ist durch das Bewusstsein nur schwer zu kontrollieren und zu unterdrücken.

Der Kreis

Körperliche Reaktionen auf unbewusst wahrgenommene Signale wirken wie ein Filter. Abwehr, Zuneigung, Dominanz, Unterlegenheit – obwohl diese Urteile *vorbe*wusst gefällt wurden, bestimmen sie letztendlich, womit sich unser Bewusstsein beschäftigt. Damit ist der Kreis

Lesen Sie mehr in Kapitel 5

noch nicht geschlossen. Denn auch unser Gegenüber, das die Signale aussendet, die wiederum zu unserer aktuellen Reaktion führen, nimmt unsere körperliche Reaktion auf sich selbst wahr. Und sein Körper reagiert erneut. Worauf wir reagieren. Worauf es reagiert. Und so weiter.

Diese Wechselwirkung geht uns mit der Zeit im wahrsten Sinne in »Fleisch und Blut« über. Was passiert ist: Unsere Körpersprache filtert. Ja, mehr noch:

——— *Irgendwann sind wir unsere Filter.*

Keine Kommunikation also, die nicht durch Hierarchie, Zu- oder Abneigung geprägt ist. Ob zwischen Nachbarn, Arbeitskollegen, ja, sogar Geschwistern. Ich kenne keine funktionierende Ehe, in der nicht einer der Partner in bestimmten Situationen die Hosen anhätte. Das muss nicht in jeder Situation der gleiche sein. Aber es scheint immer einer für den Moment den Ton anzugeben – und der andere folgt. Das gilt übrigens für jeden von uns, immer. Ich nehme mich selbst da gar nicht aus.

Man muss schon einigermaßen selbstreflektiert unterwegs sein, um sich wenigstens einen kleinen Teil dieses Kreislaufs bewusst zu machen. Mit Worten werden Hierarchien oft verschleiert. So betonen Chefs gern, dass sie ein Teil der Gruppe seien und jeder gern alles sagen dürfe. Ob dem wirklich so ist, lässt sich nur an einem festmachen: an der Körpersprache. Jeder zeigt seine Einordnung in die Hierarchie mit seiner Gestik, Mimik, Körperhaltung, mit Abstandsverhalten, dem Tempo seiner Bewegungen.

Daraus folgen zwei Fakten:

1. Körpersprache ist induktiv, das heißt, mit unserem Tun stecken wir andere an.

2. Die Körpersprache des anderen gibt Auskunft über Sie, denn da die Reaktion des anderen auch immer eine Reaktion auf Ihre Signale ist, verrät das viel über uns selbst.

Das ist der eigentliche Grund, warum wir so großes Interesse an der Körpersprache anderer Menschen haben. Eigentlich wollen wir damit nämlich etwas über *uns selbst* erfahren. Und wir wissen, dass die Körpersprache der einzige Zugang zu dieser Information ist – denn die Körpersprache lügt nicht.

Ich möchte hier erneut festhalten, dass die seriöse Betrachtung von Körpersprache eine Beschreibung von etwas ist, das man nur sehr schwer und oft gar nicht ändern kann. Wer also jetzt erwartet, ein paar schnelle Tipps zu bekommen, mit denen er im Handumdrehen »ganz anders« wirkt, den muss ich enttäuschen. Und doch ist es so spannend, sich mit unserer Körpersprache zu beschäftigen, sich unserem Körper als Ausdruck der unbewussten Entscheidungen zu widmen. Es lässt uns weit tiefer in unsere Mitmenschen hineinsehen ... was nicht bedeutet, dass wir sie ändern könnten. Wir können sie mit keiner Technik der Welt so hinbiegen, wie wir es gerne hätten, schlagen Sie sich das aus dem Kopf!

(Ca. 50 % der Ehefrauen legen an dieser Stelle das Buch enttäuscht zur Seite.)

3

EIN PFUND KÖRPERSPRACHE, BITTE
oder *Vieles ist pränatal vorbestimmt*

Ein klein wenig haben Sie dieses Buch auch erworben, um *Ihre* Körpersprache zu verändern. Geben Sie es zu! Auch wenn Sie nahe an der Perfektion sind, natürlich. Aber so ein wenig kompetenter wirken und nie wieder rot anlaufen – das wäre schon was, nicht? Oder einen Auftritt hinlegen wie, sagen wir, Heidi Klum ... Nicht wie Heidi? Dann aber wie Michelle Obama. Oder eine Aura wie George Clooney haben ... Mach ich doch glatt! Sagen Sie mir einfach, wie viel Sie von dieser und jener selbstbewussten, sexy, geheimnisvollen, genialen Körpersprache haben wollen. Ich habe sie meter- und kiloweise im Angebot.

Leider muss ich Sie enttäuschen. Ich weiß, dass viele Ratgeber und Coaches uns glauben machen wollen, dass man aus einem Menschen fast alles basteln kann. Wenn er sich nur genügend Seminare, Bücher und Kurse reinzieht. In Kombination gibts die Sachen dann meist auch noch günstiger. Liebe Leser, ich erachte es als meine dringende Aufgabe, mich nur über jene Dinge zu äußern, die wissenschaftlich haltbar sind. Und die Wissenschaft ist sich heute weitgehend einig, dass ein großer Teil unserer Persönlichkeit pränatal vorbestimmt ist. Viele unserer grundlegenden Eigenschaften scheinen genetisch fixiert zu sein. Wenn jemand also eher ängstlich oder extrovertiert ist, lässt sich das nur sehr eingeschränkt ändern. Um es bildhaft zu machen: Aus Angela Merkel wird niemand je eine echte Rampensau machen. Und das ist auch gut so, denn sie punktet mit anderen Werten.

Die Ausprägung unserer Persönlichkeit hängt auch eng mit der Körpersprache zusammen. Auch sie ist zu einem erheblichen Teil vorbestimmt. Ein ängstlicher Mensch neigt eben öfter zu Schutz- und Verkleinerungsgesten als ein Mensch, der gern im Mittelpunkt steht.

Die drei Ebenen der Körpersprache

Der Teil im Mittelhirn, den der französische Arzt Paul Broca »limbischen Lappen« und wir heute meist »limbisches System« nennen, bestimmt sehr stark unsere Persönlichkeit und damit auch unsere Körpersprache. Auch andere Gehirnregionen, wie das Kleinhirn, üben einen Einfluss auf unsere Körpersprache aus. Doch am limbischen System lässt sich am besten die Entwicklung der Körpersprache in drei Ebenen verdeutlichen:

In der *unteren limbischen Ebene* werden jene Eigenschaften, die wir »Temperament« nennen, festgelegt. Diese sind zum großen Teil vererbt.

Spätestens kurz nach der Geburt scheint dieser Teil unserer Persönlichkeit in der Entwicklung bereits abgeschlossen zu sein. Die Wissenschaft geht davon aus, dass Veränderungen in diesem manifesten Bereich nur sehr langsam und über Generationen vonstattengehen.

Mehrwissen für Neugierige

Einflussnahme unmöglich? Wir haben durch körpersprachliche Gewohnheiten aber durchaus beschränkt Einfluss auf unsere genetischen Prädispositionen. Wenn sich nämlich eine bestimmte

Körpersprache (eine Geste, eine Mimik ...) als »kulturelle Routine«
entwickelt, also von jedem in der Gesellschaft über Generationen
hinweg übernommen und ausgeführt wird, ist das ein epigeneti-
scher Einfluss. Dieser kann sogar weitervererbt werden. Daher meinen wir manchmal, italienisches Temperament oder nordische Zurückhaltung auch bei Menschen zu erkennen, die gar nicht dort
geboren sind, nur von dort abstammen.

In der *mittleren limbischen Ebene* liegt ein Teil, der sich
»Mandelkern« oder »Amygdala« nennt. Er spielt für die
Körpersprache eine entscheidende Rolle. Denn unter anderem nehmen wir dort die Körpersprache anderer wahr.
Die Amygdala dekodiert die Signale, die wir sehen. Wie
intensiv wir Furcht, Freude und Glück wahrnehmen und
selbst ausdrücken, wird hier geprägt. Die Formbarkeit
dieser Ebene nimmt rasch ab. Mit etwa 15 Jahren ist viel
von unseren Ausdrucksmöglichkeiten durch Mimik, Gestik und Körperhaltung fertig entwickelt. Jeder, der ein
Abitreffen nach 20 oder 30 Jahren erlebt, kann feststellen,
dass die ehemaligen Mitschüler und Mitschülerinnen
»noch genauso sind wie damals«. Sie bewegen sich ähnlich, ihr Lachen ist gleich, ihre Gestik und Mimik hat sich
wenig verändert, ja, sie finden sogar noch die Musik von
damals toll.

Es scheint wirklich so zu sein, dass große Teile unserer
Persönlichkeit in der Pubertät weitgehend ausgebildet sind.
Natürlich ist auch dieser Teil später noch formbar. Aller-
dings braucht es einen hohen emotionalen Anreiz, auf
dass unser Hirn eine grundlegende Änderung vornimmt.
Und es braucht Übung. Viel, viel Übung.

Wenn ich immer wieder salopp sage: »Lächelts mehr!«,
bin ich mir sehr wohl darüber im Klaren, dass ein missmu-
tiger Mensch nicht so mir nichts, dir nichts zur Ulknudel

wird. Er müsste sein »Lächelgesicht« ebenso lange üben, wie er seinen Griesgram geübt hat. Letzteres hat unbewusst oft über Jahrzehnte stattgefunden. Nur dann kann die gute Laune und Freundlichkeit ein echter Teil seiner persönlichen Körpersprache werden.

Damit sei allen Menschen, die meinen, sich von Coaches, Trainern und anderen externen Gehilfen eben schnell zu einem kompetent wirkenden, humorvollen Selbstbewusstler machen lassen zu können, gesagt: Sie sind auf dem Holzweg! Ein Dalai-Obama werden Sie keiner mehr. Müssen Sie auch nicht. Denn viel wichtiger ist, dass Sie aus Ihrem Temperament, Ihren Eigenschaften das Beste machen. Sonst werden Sie immer künstlich wirken. So wie jene Politiker, die sich kurz vor der Wahl »herrichten« lassen. Und dabei alles an Glaubwürdigkeit und Authentizität verlieren.

Nur in der *oberen limbischen Ebene* können wir kurzfristige Änderungen unseres Verhaltens vornehmen. Sie haben wir bewusst unter Kontrolle. Hier lernen wir, so zu

»Lächelts mehr!« – ein echtes Lächeln (links) muss geübt sein, sonst wirkt es aufgesetzt (rechts)

handeln, dass wir gemocht und akzeptiert werden. Deswegen verhalten Sie sich je nach Umgebung auch unterschiedlich. In Ihrer Familie agieren Sie anders als in der Firma. Mit dem Ehepartner anders als mit Jugendfreunden. Wir passen uns sehr kurzfristig an.

Da wir die Fähigkeit haben, in diesem Bereich Veränderungen vorzunehmen, erachte ich es geradezu als unsere Pflicht, das zu nutzen. Ein »Nichtnutzen« dieser wertvollen Möglichkeit ist es in meinen Augen, wenn wir zu schnell aufgeben und sagen: »So bin ich eben.«

Hören Sie mit Ihren Augen(brauen)! – So zeigen Sie auch Interesse und Erstaunen

Ein begeistertes Heben der Augenbrauen, wenn die Freundin von ihrem letzten Shoppingschnäppchen erzählt, gibt ihr ein besseres Gefühl als unser gelangweilter, desinteressierter Schlafzimmerblick. Auch jeder noch so auf seine Ernsthaftigkeit stolze Mensch bringt ein Lächeln aufs Gesicht, wenn er am Abend seinen Ehepartner begrüßt. Wenn er nur *will*. Das ist der soziale Schmierstoff, der uns das Leben erleichtert.

>> *Ich war auf dem Rückflug von einem Vortrag in Ostasien. Ich saß also in meinem Sitz und die Flugbegleiterin kam auf mich zu mit einem dieser heißen Erfrischungstücher. Sie lächelte mich freundlich an. Ich fühlte mich wohl, lächelte zurück und bedankte mich, als ich das Tuch nahm. Neben mir saß ein Mann. Auch ihm reichte die Flugbegleiterin freundlich lächelnd ein Tuch. Er aber schaute sie missmutig an und entriss ihr das Tuch regelrecht. Ich war sprachlos. Ich stellte mir vor, die Stewardess käme ein zweites Mal und*

brächte etwas zu trinken. Er nähme das Getränk und schüt-
tete es sich versehentlich über sein eigenes Hemd. Der Schritt,
den er jetzt machen müsste, um von der Flugbegleiterin Hilfe
zu bekommen, würde ihn weit mehr Überwindung kosten,
als hätte er gleich zu Beginn gelächelt und vielleicht noch
Danke gesagt. **‹‹**

Es erleichtert ganz einfach das soziale Zusammenleben,
wenn wir uns unseres eigenen Ausdrucks bewusst sind
und an ihm, wenn angebracht, entsprechende Änderungen vornehmen. Nun weiß ich, dass diese Änderungen
nicht immer ehrlich gemeint sind. Denn die obere lim-
bische Ebene verbindet mit den darunterliegenden Teilen
eben sehr wenig. Das heißt, das, was wir bewusst steuern,
muss mit unseren Gefühlen nicht immer übereinstimmen.
Oder so: Jemand kann total intelligent und sympathisch
wirken und gleichzeitig ein blödes Riesenarschloch sein.

Rückwirkung veränderter Körpersprache

Allerdings hat diese bewusst veränderte Körpersprache
Auswirkungen auf uns selbst. Der Sozialpsychologe Fritz
Strack hat belegt, dass Menschen, die zur »Lachmimik«
gezwungen werden, Witze tatsächlich lustiger finden.
Er hat das nachgewiesen, indem er eine Gruppe von
Probanden einen Stift quer in den Mund zwischen die
Zähne nehmen ließ, ohne dass die Lippen den Stift be-
rührten. Man muss dazu die Mundwinkel ganz stark
nach hinten ziehen, wie eben beim Lachen. Die zweite
Gruppe nahm den Stift frontal in den Mund, sie durfte
den Stift nur mit den Lippen und nicht mit den Zähnen berühren. Damit zogen sie die Wangenmuskeln in die ent-
gegengesetzte Richtung und formten einen spitzen Kuss-

mund. Also eigentlich das Gegenteil vom Lachen. Das Ergebnis war eindeutig.

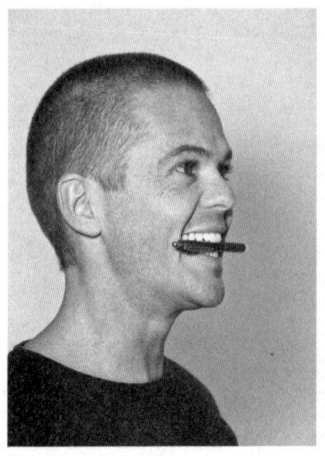

Versuch 1: Stift quer im Mund, ohne Lippen-berührung. Der große Gesichtsmuskel arbeitet: Cheese!

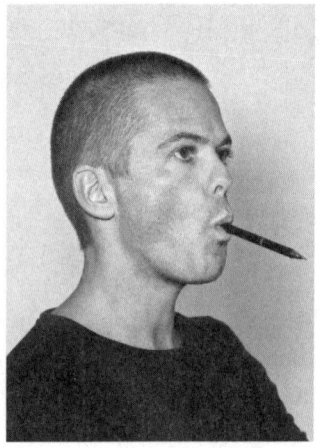

Versuch 2: Stift frontal im Mund, die Zähne berühren ihn nicht. Lächeln unmöglich

Oder der Versuch, bei dem Probanden gezwungen wurden, gebeugt beziehungsweise aufrecht auf Sitzmöbeln zu sitzen. Und die Gebeugten schon nach wenigen Minuten weniger zuversichtlich waren. Auch Untersuchungen der Columbia- und der Harvard-Universität bestätigen dies.

Lesen Sie mehr in Kapitel 8

Und warum lungern *Sie* immer noch so gebeugt herum? Heben Sie die Mundwinkel und kommen Sie in die Puschen! Jetzt denken Sie empört: »Wieso redet der so mit mir?« Ja, jetzt sind Sie erstaunt, was? So erstaunt, dass Sie sogar die Augenbrauen heben. Geht doch! Weitermachen.

Unsere Persönlichkeit und das Temperament sind großteils vorbestimmt. Das hat eine sehr typische Körpersprache für jeden Menschen zur Folge. Hier grundlegende Änderungen vorzunehmen, gelingt nur sehr schwer. Wir sollten daher eher versuchen aus unseren Fähigkeiten das Beste zu machen, als ständig einem fremden Ideal nachzueifern.

Um uns körpersprachlich nachhaltig weiterzuentwickeln, müssen wir viel und lange ein neues Verhalten üben.

Kurzfristig veränderte körpersprachliche Signale müssen nicht ehrlich gemeint sein. Allerdings vereinfachen sie das soziale Zusammenleben und wir meistern bestimmte Situationen souveräner.

4

KÖRPERSPRACHE WIRKT AUF AUGENTIERE

oder *Die meisten Umweltdaten sehen und fühlen wir*

Wir wissen bereits, dass unser Hirn ständig Infos aus seiner Umgebung benötigt, um Stabilität und Sicherheit zu bewahren und zu garantieren. Die fünf Sinneskanäle sind diese Eingangswege zum Gehirn. Wir fühlen, hören, sehen, schmecken und riechen unsere Umgebung. Und daraus formen wir in unserem Kopf ein Abbild von der Welt, in der wir leben. Dieses Bild ist die Grundlage für alle darauffolgenden Entscheidungen und Handlungen.

Unbewusstes Wahrnehmen und bewusstes Verarbeiten

Viele Menschen – vor allem wir in der westlichen Welt – unterliegen aber einem Irrtum. Wir glauben, dass wir nur das wahrnehmen, was wir bewusst mitbekommen. Im Bereich Wahrnehmung messen wir dem Bewusstsein aber viel zu große Bedeutung bei. Denn das allermeiste, was unsere Sinnesorgane wahrnehmen, gelangt gar nie in unseren bewussten Bereich. Der amerikanische Mathematiker und Philosoph Charles Sanders Peirce und der polnische Psychologe Joseph Jastrow bewiesen das bereits im Jahre 1885. Sie übten mit unterschiedlichen kleinen Gewichten Druck auf die Haut von Probanden aus. Auch wenn diese vorher die Gewichte miteinander verglichen und dabei keinerlei Unterschiede erkannt hatten, waren sie doch in der Lage, sie in der Wirkung auf ihre Haut zu unterscheiden. Nur weil uns ein Signal nicht bewusst ist, heißt das nicht, dass unsere Sinnesorgane es nicht aufnehmen und an unser Unterbewusstsein weiterleiten. Der Mediziner Dietrich Wilhelm Trincker geht sogar davon aus, dass das Verhältnis von bewusst zu unbewusst wahrgenommenen Sinnesreizen maximal(!) 1 : 1 000 000 beträgt. In Worten: Nur ein Millionstel dessen, was unsere Sinnesorgane »sehen«, erreicht überhaupt unser Bewusstsein. 99,9999 % bleiben also stets im Unbewussten.

Ein Reiz muss eine bestimmte Intensität aufweisen, um von den Sinnesorganen überhaupt wahrgenommen zu werden (dazu kommen wir weiter unten noch). Er muss stark genug sein, um die äußeren Zellmembranen der Sinneszellen des jeweiligen Sinnesorgans zu stören. Erst dann wird diese Störung als Signal ans Gehirn weitergeleitet. Die Reize, die zu leise sind, zu wenig Licht reflektieren, also zu dunkel sind, oder zu wenig Druck auf uns ausüben, werden von uns überhaupt nicht als Umweltsignal wahrgenommen.

Signale müssen also eine gewisse Lautstärke, Lichtstärke, Geruchsstärke haben, um wahrgenommen zu werden. Alle Signale, die reizstark genug sind, werden aber an unser Hirn weitergeleitet. Alle! Das haben wir mit den primitivsten Lebewesen gemein. Auch bei denen führt jedes Umweltsignal zu einem körperlichen Reiz. Allerdings gelangen eben nicht all diese Signale an unser Bewusstsein. Das wäre damit nämlich schlicht überfordert. Die allermeisten Signale bleiben darum für immer in unserem Unterbewusstsein hängen. Und nur sehr selektiv lassen wir Informationen von dort in unser Bewusstsein vordringen.

Im Übrigen ist das die genialste Leistung unseres Gehirns: nicht das schlichte Sammeln von Informationen, sondern das gezielte *Weglassen*. Es filtert uns die relevanten Informationen heraus, um sie uns bewusst werden zu lassen.

——— ***Nicht Information, sondern Exformation.***

» *Ich stehe in einer Bar, es ist sehr laut und ich plaudere mit einem Freund. Mein Bewusstsein ist voll auf unser Gespräch über den letzten Urlaub konzentriert. Die Hintergrundgeräusche nehme ich gar nicht bewusst wahr.*

Plötzlich höre ich von irgendwoher meinen Namen. Ich drehe mich um und schaue irritiert nach, wer das war und ob ich überhaupt gemeint war. Mein Name ist die Information, die mein Gehirn – im Gegensatz zu allen anderen Hintergrundgeräuschen – als so wichtig für mich erachtet, dass sie nicht ausgefiltert, sondern ganz gezielt an mein Bewusstsein weitergeleitet wird.

Weder Strand noch Sonne interessieren mich jetzt noch. Verwirrt – und sicher auch ein bisschen unhöflich – verabschiede ich mich von meinem Freund mit den gebrabbelten Worten: »Du, 'Tschuldigung, aber ich muss gerade mal ganz dringend zur Toilette.« Denn auf dem Weg zum WC komme ich an der Stelle vorbei, an der ich meine, meinen Namen gehört zu haben ... **«**

———
Lesen Sie mehr in
Kapitel 9
Mein Unterbewusstsein hatte während der ganzen Zeit in der Bar sämtliche Umweltdaten geliefert bekommen, allerdings als nicht relevant erachtet und somit »exformiert«, also ausgefiltert, und damit mein Bewusstsein frei gehalten für meine Plauderei. Erst das Hören meines Namens fesselte mein Bewusstsein und ließ keine Ressourcen mehr

für das Gespräch. Ähnlich übrigens wie der Ziegelstein im Kapitel »Warum gebrannter Ton attraktiver ist als eine nackte Pamela Anderson«.

Das Bewusstsein ist schlicht ziemlich mies darin, mehreren Dingen gleichzeitig gleich viel Aufmerksamkeit zu schenken. (Meine Damen, ich will jetzt nichts von Multitasking hören. Dazu ist unser Hirn nämlich gar nicht fähig. Wiewohl das weibliche Gehirn besser darin ist, mehrere Dinge nebenherlaufen zu lassen – allerdings nicht mit der gleichen Konzentration.)

Ist unser Unterbewusstsein ein Datenmessie?

Was passiert bloß mit all den Daten, die zwar über der Wahrnehmungsschwelle liegen, aber unter der Bewusstseinsschwelle?

Die versickern nicht einfach in der grauen Gallertmasse, sondern lösen immer eine körperliche Reaktion aus. Diese Reaktion ist in vielen Fällen allerdings so klein, dass wir sie nicht einmal selbst wahrnehmen. Vielleicht ein unmerkliches Anspannen der Nackenmuskeln, ein eigenartiges Bauchgefühl oder wir merken bewusst deshalb nichts, weil die Reaktion nur hormoneller Natur ist. Aber eine Reaktion folgt immer! Wie bei jedem Lebewesen ist auch unser Körper darauf getrimmt, Umweltsignale sofort und immer in Reaktionen umzusetzen!

Nun ist es keineswegs so, dass das Hirn die Informationen gleichmäßig verteilt über die fünf Sinne aufnimmt. Das heißt: Die gesamte Datenmenge, also 100 %, geht nicht gleichmäßig verteilt über die fünf Sinne ans Gehirn. Das wären jeweils 20 % für Augen, Ohren, Nase, Haut und Geschmackssinn. Stattdessen ist die Aufnahmemenge höchst ungleich verteilt.

Es lässt sich messen, wie viel Information durch die unterschiedlichen Sinne aufgenommen wird, indem man die Anzahl der Rezeptoren des jeweiligen Wahrnehmungsorgans auszählt: wie viele Sehzellen das Auge hat, wie viele druckempfindliche Stellen die Haut besitzt, wie viele Geschmacksknospen sich auf der Zunge befinden und so weiter. Ferner lässt sich errechnen, wie viele Nervenverbindungen vorhanden sind, die die Signale ins Gehirn leiten, und wie viele Signale jede dieser Bahnen sendet.

Ungleich große Tortenstücke – das Auge isst mit

Der Kanal, der am meisten Informationen aufnimmt, ist unser *Auge*. Bei Weitem! Tor Nørretranders, ein dänischer Wissenschaftsjournalist, hat dessen Aufnahmekapazität mit zehn Millionen Bits pro Sekunde berechnet. Das ist unglaublich viel. Die Datenmenge entspricht ungefähr dem gesamten Inhalt des Neuen Testaments. Das sind an die 1000 Buchseiten. Pro Sekunde!

Wie beeindruckend, dass wir diese enorme Datenmenge in dieser kurzen Zeit über die Augen und den Sehnerv in unser Hirn vorlassen. Damit steht das Auge ziemlich einsam auf Platz eins der Verbindungsorgane zum Gehirn. Und ich sage: Der Mensch ist ganz klar ein *Augentier*. Auch wenn es individuelle Präferenzen der Informationsaufnahme von Mensch zu Mensch gibt, eindeutiger Sieger bleibt immer das Auge. Vom gesamten Infokuchen (also 100 % der Daten), der pro Sekunde unser Hirn erreicht, gelangen fast 90 % über den visuellen Kanal, über den Sehnerv, in die primären Rindenfelder des Gehirns.

Dorthin gelangen zuerst einmal *alle* Signale, die über die Sinnesorgane angeliefert werden. In den primären Rindenfeldern werden sie vorverarbeitet, bevor sie parallel an verschiedene Teile des Gehirns weitergeleitet werden.

Unter anderem an die motorischen Zentren, die für Bewegung zuständig sind.

Zu den aufgenommenen Daten zählen nicht nur die bewusst wahrgenommenen Seheindrücke, sondern auch alles, was wir nebenher aufnehmen, ohne dass es bis in unser Bewusstsein vordringt.

Lesen Sie mehr in Kapitel 2

Wenn Sie Auto fahren und vor sich hin träumen (ich meine jetzt nicht nur die Holländer), und dann am Zielort oft nicht mehr wissen, ob Sie alle Verkehrsschilder und Ampeln richtig gesehen haben ... Seien Sie beruhigt! Während Ihr Bewusstsein tagträumte, hat Ihr Unterbewusstsein die Verkehrsregeln gecheckt. Hätte nun auf Ihrer üblichen Route ein Umleitungsschild gestanden – diese Information hätte Sie ohnehin aus Ihren Gedanken gerissen. Ihr Auge schickt die ganze Zeit über brav Daten ans Gehirn, aber nur diese eine visuelle Information wäre bis in Ihr Bewusstsein vorgedrungen. Weil sie eine relevante Veränderung dargestellt hätte. Dieser Umstand ist übrigens auch von großer körpersprachlicher Bedeutung, wie wir sehen werden.

Mehrwissen für Neugierige

Genau dieser Aufnahmefähigkeit der Augen ist übrigens auch der Erfolg von High Definition Television (HDTV) zu verdanken. Vergleichen Sie einmal ein analoges TV-Bild und ein HD-Bild! Der Unterschied ist enorm. Beim alten analogen TV-Bild sind es gerade 400 000 Bildpunkte, die wir verarbeiten müssen. Bei HDTV sind es schon über zwei Millionen. Damit nicht genug: Die nächste Generation von TV-Geräten wird an die zehn Millionen Bildpunkte an unser Auge senden. Und wir sind in der Lage, solch große Datenmengen zu verarbeiten, sodass in diesem Fall der Sehgenuss im Vergleich zum herkömmlichen Fernsehsignal ein deutlich höherer ist.

Wir haben ein starkes Bedürfnis nach visuellen Informationen und sie prägen den Eindruck, den wir von einer Person haben, am entscheidendsten. Und wenn wir mal nichts zu sehen haben, machen wir uns die Bilder eben im Kopf. Deswegen sind wir meist überrascht oder sogar enttäuscht, wenn wir den Radiomoderator zum ersten Mal live sehen. Aufgrund seiner Stimme haben wir uns unbewusst ein Bild von ihm gemacht. Und wenn wir dann dieses Bild mit der Realität vergleichen ... verstehen wir, warum er nicht beim Fernsehen arbeitet.

———— *Visuelle Daten sind für die Einschätzung unserer Umwelt von entscheidender Bedeutung.*

Die Hülle, die uns schützt – und informiert

An zweiter Stelle kommt welcher Kanal? Geben Sie's zu! Sie haben auf die Ohren getippt. Zumindest die meisten Menschen würden aufs Gehör als zweitaufnahmefähigsten Kanal tippen. Aber: Es ist die *Haut*. Sie sind verwundert? Nur auf den ersten Blick. Denn die Haut ist das größte Sinnesorgan. Wir sind vollständig von ihr umhüllt. Zwischen »uns« und der Umwelt ist doch immer Haut.

Temperaturveränderungen, Luftbewegungen, Bodenschwingungen, all das trägt mehr zum Eindruck von unserer Umgebung bei, als wir gemeinhin annehmen. Die Haut ist auch das älteste Sinnesorgan. Primitivere Lebewesen (ich meine Amöben und nicht Männer) orientieren sich vor allem an Druck und Gegendruck – wie Strömungen – und an Temperaturunterschieden.

Erinnern Sie sich doch einmal an Ihre Schulzeit zurück: Sie schrieben konzentriert eine Arbeit und haben plötzlich gespürt, wie der Lehrer hinter Ihnen stand? Aufgrund von Bodenschwingungen, einem leichten Luftzug und eventuell einem minimalen Temperaturunterschied hat Ihre Haut prompt diese Umgebungsveränderung an das Gehirn gemeldet. Das wiederum den ausführenden Arealen den Befehl gegeben hat: »Der Macker hinter uns nervt. Plustern wir uns ein wenig auf, damit wir größer und bedrohlicher wirken. Vielleicht vertschüsst er sich dann.«

Also haben Sie die Haare aufgestellt und eine Gänsehaut bekommen. Leider ist diese Sicherheitsvorkehrung ziemlich anachronistisch. Wir haben einfach zu wenig Fell, geschweige denn Federn, als dass wir damit Eindruck schinden könnten. Vor allem auf den Mathelehrer.

Die Haut ist ein wichtiges Informationsbeschaffungsorgan. Warum es so unterschätzt wird, hat damit zu tun, dass die durch die Haut aufgenommene Datenmenge nur zu einem äußerst geringen Teil in unser Bewusstsein vordringt. Das meiste bleibt im Unterbewusstsein hängen und erzeugt somit in uns nur ein diffuses Gefühl. Nichtsdestotrotz steht die Haut an zweiter Stelle, was die transportierte Datenmenge anbelangt, auch wenn nur etwas weniger als 10 % davon an unser Hirn gelangt.

Ein Ohr macht noch keine Symphonie

Der drittstärkste Aufnahmekanal ist das *Ohr*. Aber nur weniger als 1 % der Daten aus der Umwelt gelangen über das Ohr ins Hirn! Das mag Sie überraschen, weil dieser Fakt vor allem in unserer westlichen Welt unserem Denkmuster zuwiderläuft. Meinen wir doch immer, es sei so entscheidend, was aus unserem Mund herauspurzelt, was der Inhalt unserer Worte ist. Ja, doch, der ist auch wichtig. Allerdings nicht für die Grundsatzentscheidungen, die unser Hirn trifft. Und die sind nun einmal lebens- und alltagsbestimmender als der Inhalt unserer Worte.

Zudem ist der größte Teil der Daten, die über den auditiven Kanal ins Hirn gelangen, nicht inhaltsbezogen. Es sind Tonhöhe, Lautstärke, Sprechtempo … Der Inhalt der Worte nimmt bei der Datenvermittlung tatsächlich einen nur sehr bescheidenen Raum ein.

Wie sind wir dann überhaupt in der Lage, so vollständige Klangbilder zu erleben wie eine Symphonie?

Es ist unser Hirn, das das Wenige an akustischen Daten (die eigentlich nur Luftschwingungen sind) zu einem großen Ganzen extrapoliert. Etwas überspitzt gesagt: Sie reimen sich das meiste erst in Ihrer Birne zusammen.

Mehrwissen für Neugierige

Nicht zuletzt fußt das Dateiformat MP3 auf dieser Tatsache. MP3 löscht jene Tonsignale, die wir ohnehin nicht hören können (Tonhöhen, Signale, die zu eng aufeinanderfolgen, die Töne direkt nach einem sehr lauten Ton …). Vergleichen Sie einmal die Datenmenge der Originaldatei mit dem MP3 – Sie werden staunen, wie viel da an Daten wegfällt. Doch obwohl so viele Informationen ersatzlos gestrichen werden, hören Sie auf Ihrem Player keinen Unterschied zwischen dem Original und der reduzierten Datei. Denn unser Ohr kann solche Feinheiten gar nicht wahrnehmen. Es ist darauf ausgerichtet, aus relativ wenigen Daten das große Ganze erst im Hirn zusammenzusetzen.

Wo das Ohr dem Auge weit überlegen ist, ist die Rundumorientierung. Wir können auch hinter uns *hören*, was das Auge nicht sehen kann.

Die Nase hat weit mehr Bedeutung als der Mund

Ähnlich aufnahmestark wie das Ohr ist unsere *Nase*. Über den Geruchssinn nehmen wir ebenfalls etwa 1 % der Informationsmenge von außen auf. Damit Sie das richtig verstehen: Ihrem Deo kann ähnlich große Bedeutung zukommen wie dem Inhalt Ihrer Worte. Ach ja, weils mir gerade einfällt: Ihre Nase ist auch beziehungsentscheidend. »Ich kann dich gut riechen« ist nicht nur ein dahergesagter Spruch. Über unseren Körpergeruch tauschen wir Informationen über den Zustand unseres Immunsystems aus, der wichtig ist für unsere gesunde Existenz. Nachweislich haben Nachkommen von Paaren, die sich gut riechen können, ein stabileres Immunsystem.

Last, but not least: der Mund

Unser Geschmackssinn ist sehr unterentwickelt. Nur ca. 0,001 % vom gesamten Datenkuchen gelangt über den *Mund* in unser Gehirn. Er trägt also nicht allzu viel zum Abbild der Umwelt in unserem Kopf bei.

Körpersprache wirkt auf die Augen

Die Körpersprache wirkt genau auf den Sinneskanal, der pro Sekunde die meisten Daten an unser Gehirn weiterleitet. Wir schätzen unsere Umwelt entscheidender über den visuellen Kanal ein als über alle anderen Sinne. Wie sich jemand gibt, wie er sich bewegt, wie groß er ist, welche Kleidung er trägt, ob er seinen Mund verzieht und wohin er blickt, prägt unsere Meinung über diesen Menschen so stark, dass die Worte, die er vielleicht dabei spricht, zweitrangig sind (genau genommen drittrangig, wenn man bedenkt, dass das Ohr als Informationsfänger hinter der Haut folgt). Die Worte werden außerdem noch entsprechend der *gesehenen* Informationen bei uns gefiltert.

Lesen Sie mehr in Kapitel 5

Ist ein Mann unrasiert und ungepflegt und hängt seine Jacke unförmig an ihm herunter, fallen seine Schultern spannungslos und ist sein Blick Richtung Boden gerichtet, baumeln seine Arme teilnahmslos an den Seiten herunter und sind die Knie leicht gebeugt, dreht er dann noch seine Fußspitzen leicht nach innen – dann bilden wir auf dieser Basis unsere Meinung über ihn (auch wenn wir das meiste davon nicht bewusst wahrnehmen). Seine Worte werden unter dieser Prämisse von unserem Hirn gefiltert.

Wenn dieser Mann nun vorgibt, Chef eines Riesenunternehmens zu sein, werden Sie vielleicht denken: »Aber sicher doch, na klar! Und ich bin der Kaiser von China. Ich kann mir schon vorstellen, was für ein Unternehmen das ist …« Sein Bild auf uns wirkt in der Folge einfach stärker als seine Worte. Kleinigkeiten wie Tempo der Bewegungen, Blickrichtung, Pupillengröße, Durchblutung der Haut, Form der Mundwinkel, um nur einiges zu nennen, nimmt zwar nur unser Unterbewusstsein wahr. Und doch ist es die Grundlage dafür, dass wir uns von der einen Person angezogen fühlen und von der anderen abgestoßen.

Es kommt eben doch auf die Größe an: Weite Pupillen (links) wirken attraktiver als enge (rechts)

Die Aufnahmekapazität der fünf Sinne ist höchst unterschiedlich verteilt.

Die bei Weitem größte Datenmenge erreicht unser Hirn über die Augen.

Somit sind die Informationen, die auf unsere Augen treffen, von entscheidender Bedeutung für unser Weltbild. Über die Augen wirkt natürlich auch unsere Körpersprache.

5

WARUM FLIRTEN SCHNELLER GEHT, ALS DIE AMPEL UMSPRINGT

oder *Der viel zitierte erste Eindruck*

Über den ersten Eindruck wurde schon viel geschrieben und sicher noch mehr gesagt.

Es gebe ja keine zweite Chance für den ersten Eindruck – so der Volksmund. Ja, was ist dann eigentlich, wenn man in den ersten Momenten nicht die volle Punktezahl erreicht? Ist dann alles Weitere vergebene Liebesmüh?

Keine Sorge: Warum dem *nicht* so ist und was Arthur Schopenhauer dazu zu sagen hatte, werden Sie am Ende dieses Kapitels wissen.

Wie sehr wir den körpersprachlichen Signalen unseres Gegenübers folgen, die wir beim ersten Eindruck aufnehmen, werden wir im Laufe dieses Buches noch klären.

Aber wie lange nehmen wir uns eigentlich Zeit, diese Daten einzuordnen, um uns daraus eine Einschätzung zu basteln?

Wie lange braucht der Mensch für den ersten Eindruck?

Neben Ihnen zieht ein neuer Nachbar ein. Wie lange müssen Sie ihn durch Ihren Türspion beobachten, um zu wissen, was für ein Typ das ist?

Wie lange brauchen Sie in einem gut besetzten Zug, um zu entscheiden, neben wem Sie Platz nehmen?

Wie lange dauert das Bewerbungsgespräch, bis Sie ein Gefühl dafür haben, ob Sie für diesen Arbeitgeber arbeiten wollen oder nicht? (Wenn nicht Ihr Kontostand diese Entscheidung bereits übernommen hat.)

Und die Liebe, passiert die wirklich auf den ersten Blick?

Reisen wir doch einmal zurück in Ihre Schulzeit:

> *» Zehnte Schulstufe. Erster Schultag im September. Die Klasse ist total aufgeregt, da ein neuer Lehrer angekündigt wurde. Einer, den niemand kennt. Es läutet zum Stundenbeginn. Alle starren gebannt zur Klassentür. Die Tür geht auf, der Lehrer betritt den Raum ... «*

Wie lange braucht die Klasse nun, um abzuchecken, ob der Lehrer eine Respektsperson ist oder eine Dumpfbacke? Wie lange brauchten *Sie* damals?

Die Schüler geben dem Lehrer nicht einmal Zeit, den Weg zum Lehrerpult zurückzulegen, auf dass er anhand seines Lehrplans belegen könnte, welch toller Kerl er ist. Nein, die Schüler sind *viel* schneller. Wenn Sie ehrlich sind, hat Ihnen ein kurzer Blick während seiner Gangaufsicht bereits gereicht.

Jetzt werden Sie beschwichtigend einwenden: Na ja, ein Jugendlicher, der die Schulbank drückt, ist noch nicht so rational. Aber im Erwachsenenalter ist man dann zur Vernunft gekommen und trifft die Entscheidung für den ersten Eindruck nach reiflicher Überlegung.

Wie war das noch mal bei René Descartes, Immanuel Kant und Sigmund Freud? Die meinten doch, dass wir Menschen unsere Gefühle und Triebe im Zaum halten sollten, um rational und vernünftig entscheiden zu können.

Aber sind wir dazu überhaupt in der Lage? Und wie kommen wir eigentlich zu all unseren Entscheidungen, tagein, tagaus? Und zwar von den klitzekleinen bis hin zu denen von großer Tragweite?

Denn auch der erste Eindruck ist eine Entscheidung, die wir fällen. Eine Entscheidung darüber, ob wir uns auf unser Gegenüber einlassen wollen oder nicht.

Die Wissenschaft ist sich weitgehend darüber einig, dass das Fällen von Entscheidungen, egal ob groß oder klein, grundsätzlich ähnlich abläuft wie die Bildung des ersten Eindrucks.

Ich wähle an dieser Stelle ein Beispiel, bei dem viele Menschen der Überzeugung sind, sie träfen ihre Entscheidung ausschließlich aufgrund von harten Fakten: die Wahlentscheidung.

Die meisten Menschen in Europa, vielleicht auch Sie, hätten 2008 für Barack Obama gestimmt. Und nicht nur wir in Europa. Nahezu in jedem Land der Erde war die Gefühlslage ähnlich. Wie sind all diese Menschen zu der Überzeugung gelangt, dass es klug sei, diesem Herrn Obama eines der mächtigsten Ämter der Welt zu übertragen? Weil sie sein Regierungsprogramm aufmerksam gelesen haben und es im Anschluss mit dem von John McCain verglichen haben? Weil sie Expertenmeinungen eingeholt und darüber in einer Gruppe von Interessierten diskutiert haben? Weil sie dem Inhalt seiner Worte Aufmerksamkeit geschenkt und lange das Für und Wider abgewogen haben?

Natürlich nicht! Denken Sie dahin zurück, was genau die Worte gewesen sind, die in Erinnerung geblieben sind.

Inhaltlich wissen wir das nämlich so genau gar nicht mehr. Auf alle Fälle hat er gesagt:»Yes, we can.«

Der rationale Durchschnittseuropäer hat sich dann entspannt zurückgelehnt und gedacht:»Ja, dann. Lasst ihn mal machen.«

Es waren keine rationalen Gründe, die uns zu dieser Entscheidung verholfen haben. Sondern: Barack Obama hat vor allem einen visuellen Eindruck bei uns hinterlassen. Aufgrund dessen haben wir eine Vorentscheidung getroffen. Wir haben unbewusst(!) aufgenommen, dass er weit mehr lächelt und ein viel dynamischeres Auftreten hat als sein Vorgänger und sein Konkurrent. Dass er seinen Kopf immer zu seinen Gesprächspartnern hinwendet, dass er diese Sprechpausen und *Ähms* macht, wie wir auch, die sein Auftreten so authentisch und spontan wirken lassen. Auch seine sehr aufrechte Körperhaltung und das leichte Auf-und-ab-Wippen beim Gehen haben wir registriert. Zudem haben uns die vielen jungen, jubelnden Menschen im Hintergrund beeindruckt und etliche weitere Signale mehr.

Das hat bei uns die Grundsatzentscheidung ausgelöst: Der ist nicht gefährlich und bedroht mich nicht. Er wirkt offen und stellt sich hierarchisch weniger deutlich über mich. Der scheint»einer von uns« zu sein.

Assoziationen wie Zugänglichkeit, Elan, Sympathie, Humor und Andersartigkeit folgen daraus. Das war es, was Barack Obama gegenüber seinem Konkurrenten auszeichnete. Erst nach all diesen Sinneswahrnehmungen und den daraus folgenden Grundsatzentscheidungen haben wir seinen Worten gelauscht. Und haben von da an bevorzugt *jene* Worte wahrgenommen, die zu dieser Erstentscheidung gepasst haben. Alles, was sich nicht so recht in unser Bild fügte, haben wir bewusst oder unbewusst überhört und dem weniger Bedeutung beigemessen.

_____

Lesen Sie mehr in Kapitel 2

Als politisch interessierter und informierter Mensch werden Sie jetzt einwenden, dass Obama aber doch auch viel inhaltlich Wichtiges zu sagen hatte. Zum Gesundheitsreformdings und so. Weltfriedendings und so. Schließung von Guantanamodings und so.

Nun ja. Das weitgehende Scheitern der Gesundheitsreform unter Obama ist leider bekannt. Die militärischen Konflikte haben unter seiner Administration nicht abgenommen. Im Gegenteil. Dass Guantanamo immer noch offen ist, scheinen viele Menschen vergessen zu haben. Sind wir ihm deswegen böse? Nein. Denn wir haben vorher(!) entschieden: Das ist ein Schnucki! Und einem Schnucki verzeihen wir weit mehr.

Oder hätten Sie dem »Yes, we can« ebenso viel Glaubwürdigkeit zugedacht, wenn es aus dem Mund von George W. Bush gekommen wäre? Der erschien mit seinem Konterfei auf dem TV-Bildschirm und wir warteten nur darauf, dass er bestätigte, ein – so die Meinung vieler – geistig limitierter Kriegstreiber zu sein. Andere Konnotationen gegenüber Bush lässt das Gehirn dann nur mehr schwer zu.

Heute, vor dem Hintergrund all der Abhör- und NSA-Affären, macht sich plötzlich ein ungutes Gefühl breit. Aber es fällt Ihnen schwer, Barack Obama aus dem Herzen herauszudrängen? Selbstverständlich, denn jeder von uns trachtet danach, eine einmal getroffene Entscheidung beizubehalten und sie ständig zu verifizieren.

Wir wollen uns hier aber nicht wirklich in politische Themen vertiefen. Mit dem Beispiel will ich aufzeigen, dass wir sogar bei vermeintlichen »Vernunftthemen« nicht so vernünftig agieren, wie wir es uns selbst gern glauben machen. Der Mensch – ein Vernunftwesen? Mit Einschränkungen.

Wir sind nämlich dazu gar nicht in der Lage. Es scheint so, als ob unser Hirn mit der Fülle an Möglichkeiten schlicht überfordert wäre, wenn wir tatsächlich jede Entscheidung auf der Vernunftebene überprüfen würden. Und damit meine ich nicht nur die klassischen Gefühlsthemen. Ich meine auch sämtliche beruflichen Entscheidungen. Entscheidungen, die die Bewerbung oder Einstellung betreffen, welcher Speditionsdienst die Pakete ausliefern soll, bis hin zu der grundlegenden Entscheidung, ob ein Unternehmen ein anderes übernimmt oder nicht.

Genauso die privaten Entscheidungen, die wir so gern rational erklären. Warum der Kauf der teuren Markenküche viel vernünftiger, der Kauf jenes Autos rational klüger ist und warum der Umzug in die neue Wohnung auf rein sachlichen Überlegungen basiert. Und ja, bis hin zur Entscheidung, wer uns regieren soll.

Sie kennen das, wenn Sie in eine neue Wohnung umziehen wollen, sich aber nur schwer entscheiden können. Früher oder später beginnen Sie, eine »Excel-Liste für Arme« zu erstellen – eine dieser Pro-Kontra-Listen, die Sie auf einen Schmierzettel schreiben.

Ihr Hirn versucht, seine bereits getroffene (und das ist das Interessante daran!) Entscheidung zu rationalisieren. Aber wehe, unter dem Strich steht ein falsches Ergebnis! Dann wird der Zettel sofort gekübelt.

Kurz: Mit dieser Tabelle geht es Ihnen nicht mehr darum, die Entscheidung zu *finden*. Sie wollen lediglich Ihr Bauchgefühl greifbar und belegbar machen. Dabei handelt es sich übrigens meist um Entscheidungen, bei denen der Bauch Ja sagt, die rationalen Gründe aber dagegensprechen. Kluge Menschen nennen das kognitive Dissonanz.

Nur ein Wimpernschlag

Die Prozesse, die während aller unserer Entscheidungen im Gehirn ablaufen, passieren blitzschnell. Warum wir uns dafür nicht allzu lange Zeit nehmen können, liegt auf der Hand: Wenn der Säbelzahntiger um die Ecke kommt und Sie zuerst einmal seine Größe im Kopf überschlagen, daraus seine Muskelkraft extrapolieren, im Anschluss ein Zeit-Weg-Diagramm in die Höhlenwand ritzen, mit Ihren Steinzeitkollegen in einem Stuhlkreis die gewaltfreie Kommunikation durchkauen und sich am Schluss fragen, ob er vielleicht nur spielen will, hätten Sie in der Evolution garantiert keine Rolle gespielt. Sie mussten *pronto* entscheiden, um überhaupt irgendeine Überlebenschance zu haben.

Um schnell genug zu sein, denn im Anschluss geht es um die optimale Reaktion auf die zahnige Tigerkatze, muss unser Gehirn möglichst früh im Entscheidungsprozess seine Möglichkeiten reduzieren.

250 Millisekunden Zeit

Der Neurowissenschaftler António Damásio gibt uns mit seiner Bewusstseinsforschung einen ziemlich schlüssigen Einblick in diese Abläufe. Innerhalb von ca. 250 Millisekunden versetzt sich unser Körper in einen *somatischen* Zustand (*soma* ist griechisch und bedeutet Körper). Das bedeutet, dass wir auf jede neue Information von außen sofort *körperlich* reagieren. Über die Sinnesorgane erreicht also ein Reiz unsere Sinnesnerven, welche diesen weitertransportieren an unser Gehirn. Dort werden daraufhin Botenstoffe aktiviert, die Gehirnregionen oder ganze Körperteile aktivieren. Alles körperliche Aktivitäten.

Lesen Sie mehr in Kapitel 4

Die Zeitspanne zwischen Sinnesreiz und Reaktion ist so kurz, dass unser bewusster Verstand gar nichts davon mitbekommt. (Ihr Frauen redet da gern von weiblicher Intuition und Bauchgefühl. Ich muss zugeben: Wo ihr recht habt, habt ihr recht. Vieles davon ist wirklich als Gefühl im Bauch zu spüren.)

Das heißt, wir haben blitzschnell ein Gefühl zu allem und jedem, ohne es genau erklären zu können. Das passiert, noch bevor Sie vernünftig über die Situation nachdenken können. António Damásio nennt dieses Phänomen *somatische Marker*. Sie denken jetzt: Wovon faselt der Autor da? Gehts vielleicht noch etwas komplizierter? Aber, werter Leser, es ist viel einfacher, als Sie denken: Stellen Sie sich vor, Sie sitzen gemütlich auf einem Sessel, während Sie dieses Buch lesen. Irgendwann schauen Sie neben sich auf den Boden, weil Sie meinen, aus dem Augenwinkel etwas bemerkt zu haben. Und da sehen Sie diese fette Kakerlake unter Ihrem Sessel hervorkriechen. *Sofort* werden Sie ein körperliches Gefühl zu dem Viech haben. Dieser *somatische* Zustand wurde ausgelöst durch den Anblick des Insekts. Der Anblick des Tieres hat sozusagen den Zustand erst *markiert*. Und genau deswegen nennt Damásio die Parameter, die zu diesem Zustand führen, eben *somatische Marker*.

Und das ist noch nicht einmal das Interessanteste daran, was somatische Marker auslösen. Spannender ist, dass Sie von dem Moment an ständig hinunterschauen werden, um zu checken, wann die zweite Kakerlake hervorgekrochen kommt. Ihre Denkrichtung ist vorgegeben. Unser Hirn reagiert direkt körperlich, ohne den langwierigen Umweg über den bewussten Verstand. Die somatischen Marker helfen uns, weil wir dank ihrer eben nicht alles an jedermanns Körpersprache analysieren müssen, sondern im

Leben gelernt haben, bestimmte Parameter blitzschnell einzuordnen. Man könnte behaupten, Damásio habe uns die Grenzen der *reinen Vernunft* aufgezeigt.

Sie kennen das. Sie fahren ganz entspannt Auto und entdecken plötzlich am Straßenrand einen dieser uniformierten Wegelagerer. Blitzschnell steigen die meisten Menschen auf die Bremse und umklammern das Lenkrad. Erst nach einigen Augenblicken bemerken Sie: Moment mal, erstens bin ich gar nicht zu schnell gefahren, zweitens bin ich angeschnallt und habe mich auch sonst korrekt verhalten. Aber bis der bewusste Verstand reagiert, ist der Körper schon längst aktiv. Und begonnen hat alles mit einem sehr schnellen und diffusen Gefühl im Bauch, als Sie die Uniform erblickten. Auslöser waren somatische Marker.

Die nächsten Kilometer werden Sie besonders aufmerksam auf Verkehrsschilder und Uniformen achten. Warum? Weil Ihr Gehirn nach dieser Erstentscheidung Bestätigung sucht.

Körper gegen Gehirn

Auch bei Begegnungen mit Menschen reagiert zuerst immer unser Körper. Wenn Sie ein Geschäft betreten, haben Sie blitzschnell ein Bauchgefühl: Ist es hier angenehm oder fühlen Sie sich fehl am Platz? Ja, Sie wissen sogar schon, welchem Verkäufer Sie bei einer Frage mehr Kompetenz zutrauen. Im Hotel kommt deswegen den Rezeptionsmitarbeitern so viel Bedeutung zu. Auf der After-Work-Party wissen Sie ganz schnell, mit wem Sie einen Small Talk beginnen und wen Sie besser meiden wollen. Ob jemand glaubwürdig ist oder nicht, haben Sie bereits zu Beginn seiner Ausführungen für sich geklärt. In der Firma markiert der Körper sofort somatisch, wenn der Big

Boss Ihren Weg kreuzt. Es ist schlicht ein ganz anderes Gefühl, als wenn Sie dem Hausmeister begegnen. Selbst wenn Sie mit keinem von beiden direkt in Kontakt treten. Sie können Ihren somatischen Zustand gerne einmal überprüfen. Indem Sie sich zum Beispiel beim nächsten Firmenmeeting auf die Bühne vor die versammelte Mannschaft stellen. Die meisten Menschen erkennen dann das Prinzip der somatischen Marker sehr schnell an der eigenen Nervosität. Auch wenn Sie sich mit rationalen Erklärungen zu beruhigen versuchen – die körperliche Aufregung wird bleiben.

Und die Ratio?

Damit ist das rationale Denken nicht ausgeschlossen. Es werden nur die Möglichkeiten so weit reduziert, dass wir überhaupt in der Lage sind, schnelle Entscheidungen zu treffen.

Die drei wichtigsten Schritte auf dem Weg zur Entscheidung sind diese:

1. Umweltreiz
2. Grundsatzentscheidung, um die Möglichkeiten zu reduzieren
3. Rationale Begründung für die Erstentscheidung finden

Auf einer Bühne oder an anderen exponierten Orten entscheidet sich das Gehirn vieler Mensch in vielen Fällen für das Grundgefühl Gefahr. Es schließt so die Möglichkeiten für Freude, Spaß, Ungezwungenheit oder Relaxtsein automatisch aus. Damit ist dem bewussten

Verstand von nun an all das präsent, was diese Gefahr bestätigt: mögliche Missgeschicke wie »Ich werde den Text
vergessen«, »Das Publikum wird merken, dass ich nervös
bin«, »Ich werde unsicher wirken«, »Hoffentlich stellt
mir niemand eine unangenehme Frage« …

Aber Sie haben doch sicher eine Menge Selbsthilferat-
geberlebensweisheitenneurodings-Bücher zu Hause. Viele
werden Ihnen empfehlen: Sagen Sie sich nur immer wieder vor: »Ich schaffe das. Ich bin der Größte. Ich bin eine
echte Rampensau.«

Wer das wirklich einmal gemacht hat, wird wissen, dass
der Nutzen relativ gering ist. Warum? Diese Mantras setzen am bewussten Verstand an, aber die Nervosität kommt
auf, *bevor* der bewusste Verstand überhaupt mitreden kann!

Das Einzige, was wirklich hilft? Sich oft auf eine Bühne
zu stellen, sich häufig aller Aufmerksamkeit auszusetzen.
Und zwar so oft, bis der Körper diese Situationen nicht
mehr als Gefahr einschätzt.

Innerhalb von einer Viertelsekunde hat unser Gehirn
also genug Daten erhalten, um eine erste – grundsätzliche –
Entscheidung zu treffen.

Damit benötigt der Personalchef oder die Personalchefin für die Personalentscheidung ebenso wenig Zeit, wie
Sie brauchen, um zu wissen, ob Sie in der Firma arbeiten
wollen oder nicht. Und doch nehmen sich Personalabtei-
lungen oft eine Stunde Zeit für ein Bewerbungsgespräch.
Warum? Weil unser Gehirn eben eine gewisse Zeit braucht,
um auf der *bewussten* Ebene Gründe für die Einschätzung
unseres Gegenübers zu finden.

Reduktion der Möglichkeiten

Und wie genau läuft das nun im Gehirn ab?

>> *Eine Bewerberin betritt das Büro des Personalentschei-*
ders. Binnen weniger Augenblicke hat sein Gehirn eine Erst-
entscheidung über die Person getroffen. In diesem Fall lehnt
es die Bewerberin ab. Allerdings weiß bislang nur ein Teil
seines Gehirns von dieser Entscheidung. Vor allem das
Stamm- und das Mittelhirn haben nämlich entschieden,
der bewusste Verstand hat bisher noch keinen Tau, was vor
sich geht. Was der Personalchef selbst von dieser Erstent-
scheidung mitbekommt, ist vor allem ein unangenehmes
körperliches Gefühl – die somatischen Marker. Was aber
so diffus ist, dass er selbst damit gar nichts anfangen,
geschweige denn eine finale Entscheidung fällen kann. Das
viel zitierte Bauchgefühl. Der bewusste Verstand begreift
irgendwann: »Hey, da läuft etwas hinter meinem Rücken!«
Von diesem Moment an beginnt er, sich wichtig zu machen,
und lässt davon auch nicht mehr ab. Er muss das »Bauch-
gefühl« auf eine bewusste Ebene hebeln, damit er es selbst
überhaupt versteht. Der bewusste Verstand sucht also nach
einer rationalen Erklärung für das diffuse Bauchgefühl.

Und so wird ihm auffallen, dass die Bewerberin einen
Fleck auf der Bluse hat und einen Tippfehler im Bewer-
bungsschreiben. Und zwei Minuten zu spät war sie auch.
Und so hat auch sein bewusster Verstand genügend Argu-
mente dafür gesammelt, dass es nur zu vernünftig ist, eine
Absage zu erteilen.

Aber man stelle sich vor, in dieser Bluse steckten die rich-
tigen Maße …

Haben Sie überhaupt eine Ahnung, wie egal dem Per-
sonalchef dann der Fleck auf der Bluse ist? Tippfehler? Voll-
kommen irrelevant! Die hätte sogar ihren Namen falsch
schreiben können … Und zwei Minuten Verspätung? Ich
bitte Sie! Der Typ ist doch glücklich, dass sie überhaupt vor-
beigeschaut hat … <<

Unser Gehirn muss blitzschnell entscheiden, damit wir evolutionär weiterhin durchsetzungsfähig bleiben. Der bewusste Verstand ist dafür zu langsam. Bevor dieser aktiv wird, hat unser Gehirn also die Möglichkeiten schon so weit reduziert, dass eine schnelle Entscheidung möglich ist. »Komisch«, denken Sie jetzt, »und warum funktioniert das nicht vorm Kleiderschrank?«

Welche Rolle spielt dabei die Körpersprache?

Innerhalb von 250 Millisekunden nehmen wir vor allem *visuelle Signale* auf. Außer bei Berührungen über die Haut (die auch wieder körperlich sind) nimmt kein Sinneskanal so schnell so viele Daten auf wie unsere Augen. Und visuelle Signale senden Mimik, Gestik und Körperhaltung aus. Somit spielt bei unserer Erstentscheidung die Körpersprache des Gegenübers von allen Sinneswahrnehmungen die entscheidendste Rolle.

— Lesen Sie mehr in Kapitel 1

Und welche Rolle spielen Worte?

Ist die Körpersprache tatsächlich wichtiger als das gesprochene Wort? Nein! Es heißt nur, bevor Sie mit Ihren *Worten* überzeugen können, müssen Sie entsprechend *wirken*.

———— *Wirkung kommt vor dem Wort.*

Was würden Sie sagen, wenn Sie im Krankenhaus zum ersten Mal Ihrem Arzt begegnen, er in Trägershirt, Shorts und Adiletten? Von oben bis unten tätowiert und mehr Piercings im Gesicht, als ein durchschnittlicher Hornbach

Schrauben lagert. Blick auf den Boden, hängende Schultern, Hände in der »Freistoßhaltung«, Becken leicht nach hinten gekippt und Knie und Füße einwärts gedreht. Und genau der sagt nun zu Ihnen: »Guten Tag, ich bin Ihr Arzt, ich werde die Operation an Ihrem Blinddarm durchführen.« Ja, da kommt Freude auf!

Oder die Freundin, die so gern Sympathien ernten will. Aber sich zu jedem entspannten Kaffeetrinken auftakelt wie die Gorch Fock beim Hamburger Hafengeburtstag. Die Haare hochgesteckt, weiße Bluse und schwarzes Kostüm, hochgeschlossen, hochhackige Schuhe, die bei jedem Schritt aufs Pflaster knallen, und die Lesebrille immer so aufgesetzt, dass sie ihre »Freundinnen« über den Rand leicht von oben herab ansieht. Ja, auch da hüpft das Herz.

Wenn Ihr Gegenüber Ihren Worten glauben soll, müssen Sie zuerst glaub*würdig* sein. Wenn Ihr Gegenüber die ehrliche Liebenswürdigkeit Ihrer Worte verstehen soll, müssen Sie zuerst liebens*würdig* wirken. Sonst werden Ihre Worte als unehrlich interpretiert. »Sie müssen nicht gut sein. Sie müssen nur gut wirken«, sagte schon Machiavelli. Ich meine dazu:

——— *Bevor Sie gut sind – müssen Sie gut wirken.*

Sie sind auf dem Markt und haben plötzlich Lust auf einen Apfel. Das Erste, was dieser Apfel »können« muss, ist: Er muss appetitlich aussehen. Wenn er das nicht tut, werden Sie sich mit seinen inneren Werten, also seinem Geschmack, erst gar nicht beschäftigen. Das Gleiche gilt für uns Menschen. Sie müssen im ersten Moment so *wirken*, dass Ihre Worte genau in dem Sinn verstanden werden, wie Sie es wollen.

Sind wir »Bauchgetriebene« und die Vernunft darf nur bestätigen?

Wenn dem so wäre, würden wir uns vom Tier nicht mehr unterscheiden, meinte Arthur Schopenhauer. Es sei unsere Aufgabe, die Erstentscheidung zu hinterfragen. Das können wir bewerkstelligen, indem wir die Parameter, auf die unsere somatischen Marker blitzschnell reagieren, immer wieder überprüfen. Den ersten Eindruck können wir zwar nie ganz auslöschen, allerdings können wir ihn überlagern, wenn wir ihn revidieren, und uns so umentscheiden. Denn wir dürfen eines nicht vergessen: Die meisten Parameter, nach denen wir uns entscheiden, sind angelernter Art. Wenn Sie zum Beispiel kleine Kinder so süß mit Kakerlaken, Regenwürmern und Herdplatten herumspielen sehen, da rennen Sie doch immer wieder hysterisch hin und machen ein panisches Gesicht. Das Kind denkt sich: »Entweder rieche ich aus der Windel oder es ist etwas mit der Herdplatte.« Über kurz oder lang erkennt es, dass die Herdplatte gefährlich ist. Deswegen behalten viele von uns bis ins Erwachsenenalter ein ungutes Gefühl, wenn sie eine Herdplatte berühren, selbst wenn diese ausgeschaltet ist. In unserer frühesten Kindheit hat sich ein Parameter in uns manifestiert. Der Anblick von Herdplatten löst darum sofort einen somatischen Marker aus. Diese Reaktion ist angelernt, denn die Anzahl der Menschen mit angeborener Herdplattenphobie ist eher überschaubar ...

Dieses Erlernen von Parametern hört ein Leben lang nicht auf. Am neuen Arbeitsplatz wissen Sie bereits nach Kurzem, wie Sie beim Anblick bestimmter Kollegen reagieren oder sich in bestimmten Meetings fühlen. Unser Gehirn ist nämlich in der Lage, eine große Zahl von sozialen Situationen mit somatischen Reaktionen zu paaren. Und so sammeln wir im Leben eine Menge Parameter, die wir als Entscheidungsgrundlage beibehalten, ohne zu überprüfen, ob sie uns dienlich sind oder nicht. Zum Beispiel unsere Reaktion auf fremde Menschen, auf Menschen, die ihre Kohle zur Schau stellen, auf Vorgesetzte oder die Leute, die grundsätzlich die linke Seite der Rolltreppe blockieren.

Verstehen Sie mich nicht falsch: Nicht jede dieser gelernten Reaktionen ist automatisch eine negative. Wir sollten sie nur einfach bewusst wahrnehmen und überprüfen.

Als junger Erwachsener hatte ich beim Anblick von Behinderten im Rollstuhl das klassische »Mitleidsgefühl« und begegnete ihnen deswegen immer mit einer gewissen Vorsicht, um nichts falsch zu machen. Erst nachdem ich ein Jahr lang mit behinderten Kindern und Jugendlichen gearbeitet hatte, haben sich diese Parameter hin zum Gefühl »Das sind ganz normale Menschen mit ganz normalen Bedürfnissen, nur eben auf vier Rädern unterwegs« verschoben.

Warum wir uns ständig selbst hinterfragen sollten? Vor allem, weil wir dazu befähigt sind. Wir haben einen bewussten Verstand mit auf den Weg bekommen, um diese Erstreaktionen, die uns nicht von primitiveren Lebewesen unterscheiden, immer wieder zu hinterfragen und somit bei nächster Gelegenheit vielleicht aufgeklärter und angemessener zu reagieren.

Wenn der Personalchef sich von seinem Kollegen überreden lässt und die im ersten Augenblick als unangenehm empfundene Bewerberin doch einstellt, kann es nämlich sein, dass sich seine Ersteinschätzung mit der Zeit tatsächlich als falsch herausstellt. Vielleicht erkennt er im Arbeitsalltag, dass sie fleißig und kommunikativ ist. Vielleicht erfährt er, dass sie sehr kompetent ist und dieses Wissen auch gern weitergibt. Irgendwann wird der Personalchef zugeben müssen: »Ja, ich habe mich damals getäuscht.« Damit hat er seine somatischen Marker dann überlagert. Vielleicht wird er darum beim nächsten Bewerbungsgespräch anders reagieren.

Das Hinterfragen der somatischen Marker braucht zwei Faktoren:

1. Bewusstes Wahrnehmen der ersten Reaktion
2. Zeit; wir müssen schon Dutzende ausgeschaltete Herdplatten anfassen, um neu zu lernen, dass sie nicht grundsätzlich gefährlich sind

———— *Nur für Situationen, die wir wiederholt erleben, ist es überhaupt möglich, die somatischen Marker zu überlagern.*

Unser stures Gehirn

Ja, unser Gehirn ist ziemlich stur. Das hat sich evolutionär als erfolgreich erwiesen. Es reichte uns eben, einen Säbelzahntiger *einmal* beim Zerfleischen eines Tieres zu beobachten, um uns für ein Leben lang eine klare Meinung über dieses Streifenkätzchen mit langen Eckzähnen zu bilden. Wir *mussten* stur bei dieser Einschätzung bleiben und durften uns nicht beim zweiten Säbelzahntiger denken: »Vielleicht ist der ja ganz anders als der erste und will nur spielen.« Aufgrund dieses Erbes behalten wir bis heute unsere Ersturteile erstaunlich konsequent

bei. Auch wenn der Personalchef zugibt, dass er sich getäuscht hat, wird er dennoch beim ersten Fehler der neuen Mitarbeiterin dem Kollegen auf die Nase binden: »Ich habe es doch gleich gewusst.«
Denn das ist Fakt:

1. Unser Gehirn bildet sich seine Meinung extrem schnell, noch bevor rationale Gründe eine Rolle spielen.
2. Vor allem die Körpersprache spielt in diesen Augenblicken die entscheidende Rolle.
3. Von da an nehmen wir bevorzugt jene rationalen Fakten wahr, die der Erstentscheidung entsprechen.
4. Wir trennen uns nur sehr schwer von einer Erstentscheidung, auch wenn rationale Gründe gegen sie sprechen.

Wir sollten ein Bewusstsein für diese blitzschnellen Reaktionen entwickeln und sie immer wieder auf ihre Tauglichkeit hin überprüfen.

Die Schubladen des Alltags

Auch wir werden binnen weniger Millisekunden von unserem Gegenüber eingeschätzt. Oft fühlen wir uns unfair »schubladisiert«. Um die Wahrscheinlichkeit zu erhöhen, wenigstens in die *gewünschte* Schublade einsortiert zu werden, sollten wir uns unserer Erscheinung bewusst sein.

Hier ein paar Anregungen, um dieses, *Ihr* Bewusstsein zu erhöhen, denn Sie werden eingeschätzt, sobald Sie das erste Mal erblickt werden.

- Wie gehen Sie auf jemanden zu? Vermitteln Sie mit Ihrem Tempo Eile und Betriebsamkeit oder strahlen Sie Feierabendstimmung aus?
- Wie dynamisch ist Ihr Gang? Heben Sie bei jedem Schritt voll Energie die Füße oder schlurfen Sie leger daher?
- Was machen Ihre Arme beim Gehen? Rudern Sie aktiv voran oder lassen Sie die Dinge einfach mal so baumeln?
- Wie laut oder leise sind Ihre Schritte? Wollen Sie gehört werden oder lieber im Hintergrund bleiben?
- Sind Sie mit Taschen und Utensilien voll bepackt und auf alles vorbereitet oder lassen Sie andere tragen?
- Wann nehmen Sie Blickkontakt auf? Führen Sie oder folgen Sie?
- Wie ist Ihre Körperspannung? Vermutet man durch Ihr Auftreten einen offiziellen Auftritt oder ein entspanntes Beisammensein?
- Wie viel Raum nehmen Sie ein? Müssen andere Ihnen ausweichen oder weichen eher Sie aus?
- Wohin zeigen Ihre Fußspitzen? Messen Sie mit Ihren nach außen gedrehten Fußspitzen den Eingang jeder mittleren Großraumdisco aus oder lassen Sie sich eher beschützen?
- Wo auf Ihrem Weg gehen Sie? Nehmen Sie das unübersehbare Zentrum für sich in Anspruch oder blümeln Sie an der Mauer entlang?

Ich stelle hier ganz bewusst nur Fragen und gebe keine Empfehlungen, denn es hängt doch ganz stark von der *Situation* ab, in die Sie eintreten, wie Sie darin wirken wollen.

TEIL ZWEI
DIE WAHRHEITEN DER KÖRPERSPRACHE — WAS SIE ÜBER KÖRPERSPRACHE WISSEN MÜSSEN

»Du bist deine eigene Grenze.
Erhebe dich darüber.«

HAFIS, PERSISCHER DICHTER

6

DER MENSCH IST EIN MENSCHLEIN
oder *Wie wichtig unsere Körperteile für unser Gehirn sind*

Manchmal sind es die ganz alltäglichen Signale, die mich zum Nachdenken bringen. Wie zum Beispiel das Tragen von Sonnenbrillen. Es ist doch irritierend, mit einem Menschen zu sprechen, der eine Sonnenbrille trägt. Was meinen Sie? Ich habe zumindest immer Schwierigkeiten, mich voll auf meinen Gesprächspartner zu konzentrieren.

Mit Menschen zu sprechen, deren Augen nicht zu sehen sind, ist befremdlich. Allerdings ist es wohl nicht die Sonnenbrille als solche, sondern vielmehr der verstellte Blick auf die Augen, der irritiert. Trägt nämlich das Gegenüber die Brille als eine Art Haarreif auf dem Kopf, stört sie gar nicht. Ebenso wenig an Bändern um den Hals. Aber die Augen, die wollen wir sehen.

Doch welche Querverbindung gibt es da? Wieso sind die Augen körpersprachlich so wichtig? Welchen anatomischen Hintergrund hat das? Diese Frage ließ mich nicht mehr los. Und so habe ich mich auf die Suche gemacht. Erst als ich durch Zufall ein Buch über Physiologie zur Hand nahm, stolperte ich über jene Seiten, die mich auf die richtige Fährte brachten.

Im Gehirn sind wir ganz anders proportioniert

Der *Homunculus* brachte mich auf die Querverbindung (*Homunculus* kommt aus dem Lateinischen und bedeutet »Menschlein«).

Die Erforschung unseres Gehirns ist eine eher junge Disziplin in der Medizin. Erste große Schritte wurden im 19. Jahrhundert gemacht. Da hatte der englische Neurologe John Hughlings Jackson erkannt, dass unsere Bewegungen von ganz bestimmten Hirnregionen gesteuert werden. Er fand heraus, dass es zum Beispiel eine Hirnregion gibt, die für die Bewegung der Arme zuständig ist. Eine andere Region wieder für die Bewegung der Beine. Wieder eine andere für die Bewegung der Gesichtsmuskeln und so weiter.

Alle Körperteile, die wir bewegen können, haben also in den motorischen Rindenfeldern des Gehirns einen Bereich für sich reserviert. Das Gleiche gilt für alle Körperteile, mit denen wir fühlen können.

Was Jackson außerdem herausfand, war, dass die Größe der jeweiligen Region darüber Auskunft gibt, wie gut wir den dazugehörigen Körperteil bewegen beziehungsweise mit ihm fühlen können. Das heißt: Je besser wir einen Körperteil bewegen können und je feinfühliger wir mit ihm sind, desto größer ist sein entsprechendes Areal in den sensorischen und motorischen Rindenfeldern. Den größten Platz nehmen dabei die Augen ein, es folgen Mund und Hände. Auch die Geschlechtsteile und Füße sind groß repräsentiert im Hirn.

Würde man die Körperteile entsprechend der Größe ihrer Repräsentationsfläche im Gehirn abbilden, man erhielte eine komisch aussehende Figur: Riesige Augen. Riesiger Mund. Riesige Hände. Ganz kleiner Rumpf und

So sind unsere Körperteile
proportional im Gehirn vertreten

wiederum riesige Latschen. Eben ein »Menschlein«. Lateinisch *Homunculus*.

Als ich so über die Ray-Bans und Gucci-Brillen nachdachte, kam mir der Gedanke, dass hier ein Zusammenhang mit der Körpersprache bestehen muss. Wir scheinen bei unserem Gegenüber besonders jene Körperteile sehen zu wollen, die auch bei uns selbst im Gehirn groß repräsentiert sind. Also vor allem die Augen, den Mund und die Hände.

Wir ziehen aus der Beobachtung eben jener Körperteile mehr Schlüsse über unser Gegenüber als aus allen anderen Körperteilen. Und deswegen sind die Augen spannender als die Kniescheibe.

Fokus auf Körperteile im Alltag

Die Augen

Wenn wir die Augen unseres Gegenübers nicht erkennen können, können wir die Person auch nicht richtig einschätzen. Das ist uns nicht nur bei Fremden unangenehm. Sogar bei engen Freunden ist ein Gespräch durch Sonnenbrillengläser hindurch lästig. Wenn wir uns dann über eben diese Person ärgern, ist es eigentlich unsere Unsicherheit, die uns steuert. Wir können unser Gegenüber nämlich nicht einschätzen. Schaut es interessiert? Oder gelangweilt? Oder doch verärgert? Diese Information fehlt uns. Ja, wir wissen noch nicht einmal, ob die Person uns überhaupt ansieht, während wir uns mit ihr unterhalten.

Das mag heute nicht mehr lebensbedrohlich sein, aber als Ihr Gegenüber noch ein Säbelzahntiger hätte sein können, war es lebenswichtig zu wissen, ob der gerade *Sie* anstarrte oder den Kollegen daneben. Und genau damit spielen Hollywoodstars, Bodyguards und It-Girls: Sie bauen mit ihren dicken Sonnenbrillen eine Aura des Geheimnisvollen auf.

——— *Achten Sie auf die Sichtbarkeit Ihrer Augen.*

Natürlich können wir nicht jedem Mitmenschen die Brillen vom Gesicht reißen. Wir können aber dafür sorgen, dass die Menschen freien Blick auf *unsere* Augen haben. Das ist enorm wichtig, damit die Person Vertrauen zu uns aufbauen kann. Und das schafft sie nur, wenn sie eindeutig erkennt, ob wir interessiert, gelangweilt oder doch verärgert sind. Wenn die Person also erkennen kann, was in uns vorgeht.

Mehrwissen für Neugierige

Bei optischen Brillen können breite Rahmen und dicke Bügel eine Sichtbehinderung sein. Brillenmode hin oder her. Unser Gehirn interessiert sich mehr für die Augen als für Fashiontrends. Machen Sie es wie die Medienprofis: Verwenden Sie die modischen Hornbrillen in Ihrer Freizeit und setzen Sie in entscheidenden Gesprächen ein Modell auf, das möglichst von allen Seiten freien Blick auf die Augen zulässt.

Das gilt im Übrigen auch für die Haare. Ponys mögen total in sein. Allerdings ist für uns die Aktivität der Augenbrauen nur sehr eingeschränkt sichtbar. Besonders, wenn der Pony sehr lang ist und in die Augen hineinhängt.

Überhaupt sollten Sie langes, offenes Haar in wichtigen Gesprächen zumindest so bändigen, dass Ihr Gesprächspartner freien Blick auf Ihr Gesicht und damit Ihre Augen hat. Und zwar auch von der Seite! Dasselbe gilt für Caps und ausladende Hüte.

Der Mund

Ob jemand verärgert, traurig oder schmallippig ist – all das erkennen wir auch am Mund. Wenn Sie allerdings ständig die Hände vor den Mund halten, verweigern Sie Ihrem Gegenüber die Sicht und damit Erkenntnis. Und wenn Sie im Meeting hinter ihrem aufgeklappten Laptop hervorlugen wie aus einem Schützengraben, wird niemand wissen, ob Sie die Kommentare Ihrer Kollegen ernst nehmen oder sich vor Lachen auf die Lippe beißen. Was zu Recht für Ärger, weil Verunsicherung sorgen kann.

Und Bärte, ja, auch Bärte können den Blick verstellen. Denken Sie an die kunstvoll frisierten Rauschebärte beim Münchner Oktoberfest. Wie schwer fällt es uns, da zu erkennen, ob dieser Mensch lächelt oder nicht.

Bartträger sollten sich bewusst sein, dass sie jede Mundmimik deutlicher und größer machen müssen, damit die Information beim Gegenüber ankommt.

Die Hände

Das Gleiche gilt für die Hände: Hilfsbereitschaft, Aktivität oder Passivität und Unnahbarkeit – auf all das geben die Hände einen Hinweis. Werden sie ständig hinter dem Rücken verschränkt oder in die Hosentaschen gesteckt, lässt das einen Menschen unnahbarer erscheinen. Ein klein wenig Misstrauen bleibt da beim Empfänger dieser Information immer übrig. Daher rührt auch die Deutung: Versteckte Hände erzeugen Misstrauen. Weil das Gegenüber hinterm Rücken eine Waffe versteckt haben könnte? Keine Angst: Ihr Hirn wollte die Hände auch schon zu einer Zeit sehen, da war die Smith & Wesson noch lange nicht erfunden. Allein schon aus diesem Grund spielen in vielen Begrüßungsritualen eine oder sogar beide Hände eine wichtige Rolle und werden gut sichtbar gezeigt.

**UNSER GEHIRN ZIEHT AUS BESTIMMTEN KÖRPER-
TEILEN MEHR INFORMATION ALS AUS ANDEREN:**

Für die Kommunikation am Entscheidendsten sind
Augen, Mund und Hände.
Um eine Person richtig einzuschätzen und damit Vertrau-
en zu ihr aufzubauen, ist der freie Blick auf diese Körperteile wichtig.
Achten Sie deswegen zuallererst bei sich selbst auf Sichtbarkeit von Augen, Mund und Händen.

7

KINDER AN DIE MACHT

oder *Vielfalt im Verhalten erleichtert die Kommunikation*

Auf Seite 93 angelangt werden Sie sich langsam denken: Na, was ist das denn für ein Körpersprachebuch? Die grundsätzlichen Prinzipien sind sicherlich wichtig und leuchten mir auch ein – aber wann bekomme ich endlich eindeutige Handlungsanweisungen an die Hand? Was sind denn nun die Dos and Don'ts der Körpersprache?

»Wie gibt man sich am besten beim Bewerbungsgespräch?«, »Wie entschärfe ich nur mithilfe meiner Körpersprache einen Konflikt?«, »Wie lande ich in der Bar am besten bei dem/der attraktiven Sitznachbarn/-in?«, »Wie überspiele ich meine Nervosität bei Prüfungen?« … Fragen über Fragen.

Die zwei Variablen für gewinnende Körpersprache

Jede *ein*deutige Antwort auf die Fragen oben ist von vornherein leider zweifelhaft, weil es für keine dieser Situationen *eine* beste Körpersprache gibt.

Fangen wir mit dem Beispiel Bewerbung an: Das *beste Verhalten* in einem Bewerbungsgespräch hängt ganz stark von der angestrebten Tätigkeit ab. Als Verkäufer in einem Kurzwarenladen werden Sie mit einer anderen Körpersprache punkten, als wenn Sie sich als Möbelpacker bei einem Speditionsunternehmen bewerben. Als Controller müssen Sie anders rüberkommen, um Glaubwürdigkeit auszustrahlen, als als Fitnesstrainer. Einmal wird vor allem Feingespür, Geduld und Ruhe von Ihnen verlangt werden, ein andermal Genauigkeit und Konzentration und wieder ein anderes Mal Kraft und Ausdauer.

All diese Eigenschaften müssen grundsätzlich verschieden vermittelt werden. Ein Mensch, der überzeugend als Möbelpacker auftritt, wird mit derselben Körpersprache für andere Jobs vielleicht nur geringe Glaubwürdigkeit vermitteln. Oder würden Sie Mike Tyson den Nähgarnspezialisten abnehmen?

Damit haben wir uns die *erste unabdingbare Variable* definiert: *die Situation an sich.* In unserem Beispiel das Bewerbungsgespräch um die Art Job, um die Sie sich bewerben.

Die *zweite Variable* ist sogar noch viel entscheidender: *die verschiedenen Phasen in der Situation.* In unserem Beispiel die unterschiedlichen Anforderungen an den Bewerber.

Während jedes Bewerbungsgesprächs müssen Sie eben sehr viele unterschiedliche Emotionen glaubwürdig vermitteln. Wo Sie zu Beginn noch offen und sympathisch

sein sollen, wird im Laufe des Gesprächs Durchsetzungsfähigkeit von Ihnen verlangt. Das sind körpersprachlich
zwei ganz konträre Signale! Im nächsten Augenblick
wird von Teamfähigkeit die Rede sein und am Ende sollen Sie beweisen, dass Sie selbstständig arbeiten können.

Wie bitte? Ist das eine nicht eigentlich das Gegenteil
vom anderen?

Wie lässt sich das mit *einer* Körpersprache darstellen? Jedenfalls nicht mithilfe der Tipps, die jedes zweite Life-
stylemagazin als »optimale Bewerbungskörpersprache«
betitelt. Es wird empfohlen, wie man zu gucken hat, wohin die Beine zu stellen sind und welche Handhaltung
absolutes No-Go ist. Da werden oft sehr enge Grenzen
zwischen »Das musst du unbedingt machen!« und »Tu
das auf keinen Fall!« gezogen. Die Folge ist das genaue
Gegenteil vom gewünschten Ziel: ein Verkrampfen nämlich, denn viele dieser Tipps sind lebensfremd und wirken
umgesetzt künstlich.

> Bewerbungsgespräche sind ein Teil des Lebens. Deswegen:
> Tun Sie nichts, was Sie im Alltag sonst nicht auch tun wür-
> den. Zeigen Sie mehr Emotionen. Am besten jene, die der
> Situation angemessen sind.

Wenn Sie als Fitnesstrainer punkten wollen, werden Sie
eine gewisse Aktivität und Initiative offenbaren müssen.
Schließlich sollen Sie die Kunden animieren. Und das
nicht nur an den Geräten, sondern mit Ihrem gesamten Auftreten. Und denken Sie daran: Der Personalchef
für den Fitnesstrainerjob kann Sie nur anhand Ihres

Auftretens einschätzen. Er wird schließlich nicht jeden Bewerber zwei Wochen lang Probe arbeiten lassen, um sein Animo zu überprüfen. Ihm bleibt nur das Erstgespräch, um die Personalentscheidung zu treffen. Was heißt: Innerhalb weniger Minuten müssen *Sie* genau das zeigen, wofür Sie in Folge stehen werden. Sie müssen ihm sozusagen über Ihre Worte und Ihre Körpersprache »versprechen«, in Ihrem Job aktiv und animierend zu sein. Wobei Ihre Körpersprache eine weit größere Rolle spielen wird.

Denn mit Worten lässt sich leicht sagen: »Ich bin aktiv und animiere die Kunden.« Wenn Sie dabei eine lasche, spannungslose Körperhaltung mit Schlafzimmerblick zeigen, wird das Gegenüber Ihnen nicht glauben.

Das Gesetz der erforderlichen Vielfalt

Nun werden Sie schnell erkennen, dass auch das nicht ausreichen wird, um zu überzeugen. Wenn Sie sich nämlich während des gesamten Gesprächs pausenlos aktiv zeigen, werden Sie an manchen Stellen danebenliegen *müssen*. Denn Ihr zukünftiger Chef wird auch auf Ihre Vertrauenswürdigkeit zählen wollen. Sie müssen schließlich Schlussdienste übernehmen. Und an diesen Abenden sind Sie für die Abrechnung des Tages verantwortlich. Vielleicht interessiert den Personaler auch noch, wie Sie mit Rowdys verfahren, die die Fitnessgeräte nicht pfleglich behandeln. Hier ist Durchsetzungsfähigkeit gefragt. Natürlich wird er sich auch nach Ihrer sportwissenschaftlichen Kompetenz erkundigen. Spätestens da werden Sie merken, dass Sie mit einer eindimensionalen Körpersprache wenig überzeugend wirken können.

——— *Ohne Vielfalt wirkt man einfältig.*

William B. Ashby, ein englischer Psychiater und Kybernetiker, formulierte ein Gesetz, das *Law of Requisite Variety*. Dieses »Gesetz der erforderlichen Vielfalt« besagt, dass ein System, welches ein anderes steuert, umso mehr Störungen im Steuerungsprozess ausgleichen kann, je größer seine Handlungsvarietät ist.

Umgelegt auf unsere Kommunikation bedeutet das: Sie werden umso mehr Lebenssituationen erfolgreich meistern, je mehr verschiedene Handlungsmöglichkeiten Sie zur Verfügung haben. Bezogen auf unseren Fitnesstrainer: Im Bewerbungsgespräch stellt jede neue Frage eine neue Situation dar. Je mehr unterschiedliche Reaktionsmöglichkeiten Ihnen zur Verfügung stehen, desto souveräner werden Sie in jeder einzelnen Situation wirken.

Umgekehrt: Je weniger Handlungsmöglichkeiten Sie haben, desto eher geraten Sie in Schwierigkeiten durch Unglaubwürdigkeit und nicht authentisches Verhalten.

Menschen, die sympathisch und nahbar wirken, werden sich leichter tun, neue Bekanntschaften zu machen. Dieses Verhalten führt sie allerdings nicht weit, wenn es zum Beispiel um Nachbarschaftsstreit geht.

Menschen, die stets sehr kompetent und sachlich wirken, beeindrucken uns durch ihre Abgeklärtheit – aber es sind auch oft die, die bei der Cocktailparty recht einsam herumstehen.

Gerade da, wo Menschen in Gruppen zusammenkommen, tritt das Gesetz der Vielfalt besonders augenfällig in Kraft. Derjenige mit der größten Vielfalt in seinem Verhalten und in seinen Reaktionen wird von allen den größten Zuspruch erhalten. Denn er kann erreichen, jedem in der Gruppe das Gefühl zu geben, ihn verstanden zu haben mit seinem ganz eigenen Thema.

Sie kennen das aus Ihrer Firma. Da gibt es Kollegen, mit denen Sie sich prächtig verstehen. Und mit anderen kommen Sie nur schwer aus. Selbst wenn die Themen, um die es geht, oft nicht so weit auseinander liegen. Das hat viel mit der Art der Kommunikation zu tun.

Es gibt Kollegen, die mögen keine privaten Geschichten und Um-den-Brei-Herumgerede, sondern bevorzugen klare Anweisungen. Jeder Mensch, der es schafft, schnell zum Punkt zu kommen, hat bei diesen Menschen gute Karten. Sie nehmen es nicht als Beleidigung auf oder fühlen sich gar überfahren, wenn das Thema ohne Umschweife gleich auf den Tisch kommt, ohne vorher über ihre Befindlichkeiten zu sprechen.

Im gleichen Unternehmen gibt es auch Personen, die sich wirklich zugehörig fühlen und nicht nur eine Personalnummer sein wollen. Die möchten einbezogen werden und mitreden dürfen. Das Gefühl, dass sich jemand Zeit für sie nimmt, ist entscheidend für sie. Der Kollege von vorhin, der trocken zum Punkt kommt, wird bei diesen Menschen keinen Anklang finden.

Wiederum andere wollen sich über Leistung definieren. Für jede Art von Wettbewerb sind sie zu haben. Und wenn sie einmal nicht Erster sind, ist das ihr Ansporn, eben bei noch mehr Wettbewerben mitzumachen. Auch bei diesen Menschen wird der trockene Typ nicht ankommen, sondern vielmehr der, der jede Aufgabe, jedes Gesprächsthema zum Wettkampf macht, an die Höchstleistung appelliert.

Nur die Person, deren Kommunikationsvielfalt groß genug ist, um auf alle drei Arten zu kommunizieren, wird auch bei allen drei Gruppen gut ankommen.

Wenn Sie also in der Bude die neue Kaffeemaschine vorstellen, reicht es der ersten Gruppe vollkommen aus, wenn Sie eine To-do-Liste in Bulletpointmanier aushängen: 1. Wasser einfüllen, 2. Bohnen auffüllen, 3. Mahlgrad wählen.

Für die zweite Gruppe sollten Sie sich Zeit nehmen. Die Bedienungsanleitung wird im allgemeinen Geplauder unterkommen. Und am Ende werden Sie sämtliche Kaffeemaschinenerlebnisse des Kollegen kennen, die Adressen der besten Kaffeehändler und mit zwei Rezepten für Mokkatorten nach Hause gehen.

Bei der dritten Gruppe schreiben Sie den »*Best barista of the company*« aus, den Sie anschließend im Intranet publizieren – Sie werden einen Freund fürs Leben gewonnen haben.

Ich führe hier nur drei plakative Beispiele an. Die Sache ist in Wahrheit natürlich weitaus vielschichtiger. Verschiedene Kommunikationsarten beziehen sich letztendlich nicht nur auf unterschiedliche Typen. Auch ein und dieselbe Person erwartet in verschiedenen Situationen unterschiedliche Reaktionen von ihrem Gesprächspartner. So kann der trockene Infomensch am Abend im Biergarten oft die entspannte Plaudertasche sein und der, der jeden Wettbewerb gewinnen will, in der eigenen Familie derjenige, der immer einen Schritt hinter den anderen geht. Aber das Prinzip bleibt gleich: Je mehr verschiedene Arten zu kommunizieren Sie abdecken, desto größer wird die Gruppe von Menschen sein, bei der Sie gut ankommen.

Für die Körpersprache in unserem Bewerbungsgespräch bedeutet das:

Um dem Personalchef bei der ersten Frage zu vermitteln, dass Sie als Trainer ein toller Animator und Motivator sind, müssen Sie aktiv wirken. Im Gespräch können Sie das mit ausdrucksstarken Hand- und Armbewegungen beweisen. Man soll Ihre Kraft und Beweglichkeit schließlich auch sehen. Die Hände im Schoß würden passiv wirken. Selbst Ihre Augen müssen animierend wirken, indem sie weit geöffnet sind und der Blick hellwach ist. Dazu müssen auch die Augenbrauen schon mal hochgezogen werden. Das Lächeln darf nicht zu kurz kommen, im Idealfall sollten dabei die Zähne sichtbar sein. Insgesamt schnellere Bewegungen vermitteln den Eindruck von Aktivität.

Wenns bei der zweiten Frage um die Vertrauenswürdigkeit geht, wären einige Nuancen der ersten Reaktion kontraproduktiv. Vertrauen bedeutet Sicherheit. Und Sicherheit kann über Stabilität in der Körpersprache gezeigt werden. Bedächtige, langsame Bewegungen strahlen Ruhe aus und vermitteln genau das. Die Kopfhaltung ist gerade, es herrscht ein ruhiger Augenkontakt. Die Augen werden beim Blinzeln einen Moment länger geschlossen bleiben. Wenn Sie das mit einer etwas tieferen Stimme paaren und dann noch darauf achten, die Handflächen eher Richtung Boden zu richten (*palm-down*), haben Sie viel für das Gefühl von Sicherheit getan.

Im Umgang mit Rowdys braucht es Entschlossenheit. Jetzt also wenig lächeln, eine ernste Miene aufsetzen und den Kopf leicht gesenkt halten. Und vor allem: in aufrechter, gerader Körperhaltung. Sie sollten den Muskeltonus erhöhen und nicht herumlümmeln. Vielleicht wirken Sie damit dann sogar ein bisschen angriffig – in

 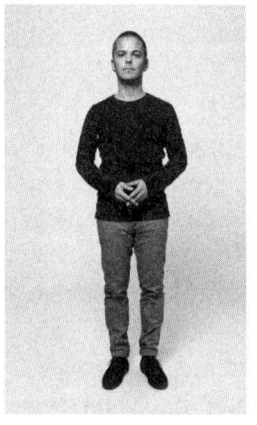 

Wie animieren Sie andere?   Wie zeigen Sie Standfestigkeit an?   Wie gehen Sie mit Rowdys um?

jedem Fall wird man Ihnen die Durchsetzungsfähigkeit glauben.

Echte Vielfalt erfordert reale Emotionen

Sie müssen in diesem Bewerbungsgespräch also eine ebenso große Vielfalt in Ihrer körpersprachlichen Reaktion beweisen, als wären Ihre Emotionen Realität!

Wie würden Sie agieren, wenn Sie wirklich eine Horde Sportler animieren müssten? Wie wäre Ihre Körpersprache, mit der Sie einer aufgeregten Mutter Sicherheit vermitteln wollen darüber, dass es ihrem Kind gut geht? Wie würden Sie Pöbler vom Spielplatz vertreiben? Und welche Haltung nähmen Sie ein, wenn Sie jemandem die Wahrheit vermitteln wollten? Sie müssen ja nicht gleich predigen wie der Kardinal zu Ostern oder herumbrüllen wie auf dem Truppenübungsplatz. Aber ein klein wenig von dieser Haltung sollten Sie schon ins Gespräch übertragen. Je besser Sie die authentische und passende Emotion zu einer Situation vermitteln, desto glaubwürdiger werden Sie sein.

»Lug und Betrug! Wir werden hier zu Schauspielern und zum Vorspielen animiert!«, denken Sie jetzt. Doch empören Sie sich nicht. Es geht nicht darum, etwas vorzuspielen, sondern rein um *Empathie!* Darum, sich in etwas, in eine Situation hineinzufühlen. In das, was das Gegenüber in dem Moment gerade braucht.

So wie es übrigens ein jeder von uns beim Trösten eines weinenden Kindes tut. Wir wenden instinktiv sofort die richtige Körpersprache an, verändern unsere Stimme entsprechend und sagen genau die Worte, die das Kind jetzt hören will. Und das nennt man nicht Schauspiel, sondern Einfühlungsvermögen.

Wenn wir dieses Einfühlungsvermögen nicht mehr zulassen, weil wir nur mehr darauf bedacht sind, perfekt zu wirken, haben wir meist nur vergessen, dass jeder von uns das als Kind gut gekonnt hat.

Damals haben wir jedes Gefühl *verkörpert.* Kinder besitzen deshalb oft die größte Glaubwürdigkeit. Wir *glauben* ihnen ihre Gefühle, weil sie sie mit all ihren Ausdrucksmöglichkeiten nach außen kommunizieren. Da geht es selten um Eintönigkeit, sondern um Freude, Leid, Aufregung und Müdigkeit – alles wirkt bei Kindern ganz hemmungslos von innen nach außen. Sie versuchen nicht, ihre Emotionen zu überspielen, sondern leben sie mit ihrem gesamten Körper. Und das machen sie so überzeugend, dass wir uns dem schwer entziehen können. Kinder bringen uns ständig zum Lachen, Ärgern, Fürchten, Staunen, Hinter-ihnen-Herräumen ... und leiten uns damit auf sehr subtile Weise.

Wir können uns einem Menschen, dessen Gefühle klar und deutlich zu entschlüsseln sind, nur schwer entziehen.

Diese natürlichen »Führungsqualitäten« von Kindern sind evolutionär natürlich notwendig. Sie müssen *attraktiver* als vieles andere in unserer Umgebung sein – damit sie unsere volle Aufmerksamkeit bekommen.

Gehemmte Vielfalt

Aber schon sehr früh, noch vor dem Eintritt in den Kindergarten, beginnen wir die Kinder zu hemmen. Wir sagen ihnen, was sie dürfen und was sie nicht dürfen. Das geht weit über das Bewahren vor Gefahren hinaus! Wir bringen ihnen kulturelle und soziale Normen bei.

Ich selbst bin ein Verfechter von gewissen Normen. Es erleichtert das Zusammenleben ungemein, wenn die Zwerge schon sehr früh lernen, mit »Bitte« und »Danke« großzügig umzugehen.

Dass allerdings schon bei einem Neugeborenen Still- und Ruhigsein mit »brav« gleichgesetzt wird, spiegelt ein Bedürfnis nach zu starker Normierung wider. Wenn ein Kind zu Beginn seines Lebens durchschläft und während des Tages auch nur wenig plärrt, dann sagen wir: »Was für ein braves Kind!«

Aber ist es wirklich schlimm, wenn ein Kind nicht sofort den Tages- und Nachtrhythmus von Mama und Papa übernimmt? Wenn es mit der Zuwendung nicht zufrieden ist und deswegen mehr will?

Ich will keinen Erziehungsratgeber schreiben. Aber diese Einstellung hat körpersprachlich eben große Konsequenzen: Schon von Beginn unseres Lebens an assoziieren wir also wenig Bewegung und wenig Laut-stärke mit brav, positiv und gewollt – und umgekehrt. Und vermindern damit rigoros unsere kommunikative Vielfalt!

So wie ein subtiles Mitteilen und kleine Bewegungen in unser Repertoire gehören, gehören auch ein lauter Aufschrei, große Bewegungen und Aktivität dazu.

Spätestens in der Schule müssen wir uns dann dramatisch einschränken. Und mit diesem permanenten Einschränken hören die meisten von uns nicht mehr auf. Bis zum Ende.

Das Referat in der Schule muss im absoluten Stillstand heruntergebetet werden, bei mündlichen Prüfungen sind wir an einen Platz gebunden und in der Firma halten wir Ansprachen dann sowieso nur noch hinterm Rednerpult, an die Präsentationsfolien geheftet.

——
Lesen Sie mehr in Kapitel 9

Bis dahin haben wir schon gelernt, dass man seine Emotionen bitte sehr unter Kontrolle haben soll, Männer nicht weinen und kleine Mädchen am besten mit überkreuzten Beinen dazusitzen haben. Die Hände bringen wir schon nicht mehr höher als in die Hosentaschen (außer zum Bestellen eines Biers) und unsere Augenbrauen schaffen ein Hochziehen vor Begeisterung schon lange nicht mehr. Ganz ohne Botulinumtoxin. (Wenn Sie jetzt nicht googeln müssen, sind Sie wahrscheinlich Arzt oder Kunde.)

Dann gibt es nur noch wenige Momente, in denen wir unsere Hemmungen entladen und abbauen können. Durch die gewinnen wir dann sofort wieder an körpersprachlicher Vielfalt. Diese Momente bedingen aber oft eine entsprechende Menge Alkohol, wie bei einem Fußballspiel, dem Mädelsabend oder der Weihnachtsfeier … dann sprühen wir vor Lebensfreude und Aktivität. Da fallen sich dann schon mal Männer weinend in die Arme, tanzen Frauen auf den Tischen und wird der Abend zum Exzess.

Wenn wir uns das Gesetz der erforderlichen Vielfalt in Erinnerung rufen, bedeutet das aber auch, dass die meisten von uns ihre Ausdrucksvielfalt nicht einfach verloren haben. Sie haben sie nur unter lauter Hemmungen versteckt. Dass Sie mich nicht falsch verstehen: Ich bin kein Hippie und auch kein Räucherstäbchenzündelnderantiautoritätsrevoluzzer. Ich versuche Ihnen nur eine Antwort zu geben auf die Frage nach der perfekten Körpersprache. Das ist nämlich die, die weniger auf Perfektion bedacht ist.

Das ganze Reglement kann übrigens auch wirklich bedrohliche Ausmaße annehmen: Wenn wir zu oft gehört haben, was wir gefälligst zu unterlassen haben, was sich nicht schickt, wo überall Gefahren lauern und wann man sich besser zurückhält, werden wir mehr und mehr gehemmt sein. Wir verlieren unsere Vielfalt.

Wenn Sie sich im Leben durchsetzen wollen, dann kommt es darauf an, wie Sie es erstens *wem* und zweitens *in welcher Situation* sagen.

Wenn wir darauf keine Rücksicht nehmen, sondern nur denken: »Ich habe es doch nun schon fünfmal gesagt, ist der zu blöd, es zu kapieren?«, ja, dann sollten wir einen Schritt zurücktreten und es von der anderen Seite betrachten: »Möglicherweise bin ich selbst zu blöd (ignorant/unempathisch/egoistisch/engstirnig), es ihm auf eine Art zu vermitteln, die er annehmen kann.«

Wenns beim ersten Mal nicht ankommt, nützt es nichts, das Gleiche noch mal zu sagen, nur eben lauter. Um dann, wenn es immer noch nicht ankommt, mit dem Brüllen zu beginnen. Wo bleibt da die Vielfalt?

Übrigens, ganz wichtig: Je geringer die Kommunikations-vielfalt, desto mehr nimmt die Aggressivität zu! Menschen, die sehr eingeengte Möglichkeiten des Ausdrucks haben, neigen dazu, immer das Gleiche zu sagen, zu tun, gleich zu reagieren. Nur erhöhen sie ständig die Intensität – irgendwann endet das in Gewalt.

Noch was, Jungs: Hier sind uns viele Frauen meilenweit voraus. Sie beherrschen im Schnitt eine viel größere Vielfalt an Ausdrucksmöglichkeiten. Damit ist in letzter Konsequenz auch die Wahrscheinlichkeit höher, dass wir tun, was sie wollen. Sie wissen bestimmt, was ich meine …

Versuchen Sie nicht, perfekt zu sein

Mein Tipp für die Körpersprache von Frauen *und* Männern: Hören Sie auf, an Fehler und Don'ts zu denken! Zeigen Sie mehr Vielfalt. Seien Sie aktiver in Ihrer Körpersprache, zeigen Sie ausgeprägte Mimik, genauso wie Sie auf Ihre gesamte Haltung achten sollten. Öffnen Sie beim Sprechen Ihren Mund deutlich und reagieren Sie auf die Worte Ihres Gegenübers, indem Sie körpersprachlich Aufmerksamkeit zeigen. Wenn Sie Freude verspüren, zeigen Sie sie so deutlich, dass es alle mitbekommen. Lachen Sie mit offenem Mund, reißen Sie die Augen auf und lassen Sie Ihren Blick zu den Mitmenschen wandern. Beziehen Sie sie in Ihre Freude mit ein.

Auch Ihre Traurigkeit können Sie schon mal zeigen. (Deswegen müssen Sie im Vorstandsmeeting ja nicht gleich zu heulen beginnen.) Und ja, zeigen Sie Ihre Verärgerung, wenn es angebracht ist. Verdrängen Sie sie nicht mit dem Feierabendbier. Auch Ihre Begeisterung wird man Ihnen nur glauben, wenn Sie aktiv mit Ihren *Händen* arbeiten. Die *Augen* als Eingangskanal von Information in unser

Hirn sind von besonderer Bedeutung, auch als Ausgangs-
kanal für unser Gegenüber. Erinnern Sie sich: Ein deutliches Öffnen der Augen und das Heben der Augenbrauen
vermittelt Erstaunen, Offenheit, Verwunderung. Das Verschließen der Augen zu einem Spalt und das Senken der
Brauen zeigt Skepsis und Vorsicht. Auch das gehört zur
Vielfalt in Ihrer Körpersprache.

Lesen Sie mehr in Kapitel 1

Nutzen Sie den Raum, indem Sie sich zurücknehmen
oder sich eben trauen, viel davon für sich in Anspruch zu
nehmen. Wechseln Sie das Tempo Ihrer Bewegungen. Initiative, Begeisterung und Tatendrang erfordern mehr
Tempo als Beruhigung und Beschwichtigung. Beides ist
wichtig. Denn das Ausstrahlen von Ruhe, Langsamkeit
und Bodenhaftung in bestimmten Situationen macht Ihre
Vielfalt erst komplett.

All das und noch viel mehr sollten Sie vermitteln können.
Keine Sorge, Sie müssen das nicht ganz neu erlernen, Sie
müssen sich eher daran *erinnern* und es üben. Sie haben
das als Kind bereits perfekt beherrscht.

Versuchen Sie nicht, perfekt zu wirken, indem Sie probieren, möglichst wenig »falsch« zu machen. Dieser Drang
nach Perfektion hat etwas Pubertäres an sich. In dieser
Entwicklungsphase versuchen Jungs und Mädchen, alles
zu vermeiden, was sie unerwachsen oder sogar kindlich
erscheinen lässt. Sie wollen möglichst perfekt wirken. Und
nehmen sich uns Erwachsene zum Vorbild.

Friedrich Nietzsche meinte dazu:

*Wir müssen unsere Jugend überwinden, um
wieder Kind sein zu können.*

Das einzig Falsche ist, die Vielfalt in der eigenen Körpersprache so zu minimieren, dass am Ende nur mehr Ein-
falt übrig bleibt.

8

ANGST AKTIVIERT BEUGER
oder *Wie wir uns am besten vor Gefahren schützen*

DAUMEN-
KINO

Es gibt Momente, in denen uns Körpersprache einen tiefen Einblick in die Seele eines Menschen ermöglicht. Obwohl wir damit noch lange nicht die Persönlichkeit einer Person definieren können, verrät ihre Haltung uns doch etwas sehr Wichtiges: Angst oder Sicherheit!

Dazu reicht ein Blick auf die Muskeln. Die übertragen ja die Befehle vom Gehirn über die Nerven an Gliedmaßen und Gesichtszüge, was sich in der Körperhaltung äußert. Ob ein Mensch gerade in einem Zustand der Furcht und Verunsicherung ist, erkennt man also an der Aktivität seiner Muskeln. Die werden dann nämlich anders aktiviert als im Zustand der (Selbst-)Sicherheit.

Survival of the fittest

Vor einigen Hunderttausend Sommern haben wir alle noch ganz anders ausgesehen. Wir besaßen damals längere Arme, eine ziemliche Stirnwulst und viel mehr Körperbehaarung. Gillette-Rasierer waren eben weitgehend noch Mangelware ... Wir lebten vornehmlich auf Bäumen, weil es dort ganz einfach sicherer war als am Boden, denn die meisten unserer Fressfeinde waren nicht so kletterfit wie wir. Die einzige Gefahr war, dass uns der Himmel auf den Kopf oder wir vom Baum hätten fallen können.

Und so hat sich jene Genmutation durchgesetzt, die es uns erlaubte, uns reflektorisch, also instinktiv, an allem Greifbaren festzuhalten. An Ästen, Stämmen und vor allem am Fell der Mutter. So hatte die Mutter beide Hände frei, musste weniger Energie für das Halten des Babys verschleudern, um besser die Kletterei und die Futterbesorgung organisieren zu können. Das hat wiederum der Nachkommenschaft genützt und sie kräftiger gemacht. Diese Nachkommenschaft war damit im Sinne von »*survival of the fittest*« erfolgreicher – und so hat sich der *Greifreflex* schließlich durchgesetzt. Er ist einer der wenigen absoluten Reflexe, der sich beim Menschen von Geburt an zeigt und also sehr früh durchsetzt. Bisweilen so kräftig, dass Babys ihr eigenes Körpergewicht halten können.

Körpersprachlich ist dieser Greifreflex aber nicht so entscheidend wie der Reflex, den Moshé Feldenkrais, der große israelische Denker und Körperexperte, am Beispiel von Affen beschreibt.

Die Kugel

Wenn man, wie die Affen, vornehmlich auf Bäumen lebt, ist, wie gesagt, eine der größten Gefahren, dass man den Halt verliert und abstürzt. Besonders Affenbabys, deren Kraft und Geschick noch nicht voll entwickelt ist, laufen Gefahr, hinunterzukrachen. Nun liegt es auf der Hand, dass sich evolutionär jene Arten durchgesetzt haben, die bei so einem Sturz die wenigsten Verletzungen davongetragen haben. Wie schützt man sich bei einem Aufprall? Am effektivsten, indem alle empfindlichen Körperteile geschützt werden. Und die statisch stabilste Form ist nun einmal die Kugel. Der Affe trachtete also im Fallen danach, diese runde Form einzunehmen. Dazu aktivierte er alle Beugemuskeln, also jene Muskeln, die dazu dienen, die Gliedmaßen und den Rumpf zu beugen. Wir nennen sie im weiteren kurz »Beuger«.

Arme und Beine werden also an den Körper herangezogen. Es werden sozusagen die Hebel verkürzt, sodass die Gefahr einer Verletzung verringert wird. Oder anders ausgedrückt: Je kürzer die Stange, desto schwerer, sie mit einem Schlag über eine Kante zu brechen. Und umgekehrt.

Mit dem Aktivieren der Beuger wird auch der Rumpf gebeugt, um so die inneren Organe bestmöglich zu schützen. Zudem bildet die Wirbelsäule nun einen Bogen, was sie stabiler macht als in ausgestreckter Form. Diese Bogenform bezieht auch den Kopf mit ein.

Ob es sich evolutionär tatsächlich so zugetragen hat, wie Feldenkrais es am Beispiel der Affen beschreibt, sei dahingestellt. In jedem Fall bietet er eine stringente Beschreibung für den Reflex, der auch uns Menschen noch innewohnt: Bei Gefahr aktivieren wir die Beugemuskeln.

Das Aktivieren der Beugemuskeln dient aber noch einem anderen Zweck. Dadurch werden nämlich die »Strecker« (die Muskeln, die bewirken, dass sich unsere Gliedmaßen in die Länge strecken) in ihrer Aktivität gehemmt und weitestmöglich entspannt. Sie sammeln in dieser Zeit die größte potenzielle Energie, um sich blitzartig und kraftvoll anspannen und ihre Energie in Springen, Kämpfen oder Rennen umsetzen zu können.

Das heißt, je konsequenter die Beuger aktiviert und gleichzeitig die Strecker deaktiviert werden, umso besser können wir bei Gefahr dann aktiv werden. So wie ein Boxer vor dem Schlag den Arm an den Körper heranzieht, also beugt, um ihn dann blitzschnell auszufahren, also zu strecken.

> Als Grundsatz bleibt immer: Bei Gefahr zuerst einmal zusammenziehen! So sind wir zum einen geschützt und gleichzeitig vorbereitet darauf, aktiv zu werden.

──────── *Angst aktiviert Beuger.*

Das ist eines der wichtigsten Grundprinzipien der menschlichen Körpersprache.

Wir machen es also ganz genauso wie die feldenkraisschen Affen: Wenn wir irgendwo Gefahr wittern und Angst in uns aufkommt, aktivieren wir unsere Beugemuskulatur. Wir halten die Arme eng am Körper, verschränken sie vielleicht, ziehen dabei die Schultern hoch und nach vorn, sodass der Kopf ein wenig dazwischen verschwindet. Im Sitzen ziehen wir die Beine an die Stuhlbeine heran oder stellen sie sogar unter die Sitzfläche. Der gesamte Rumpf beugt sich also vor, als ob wir unsere inneren Organe schützen wollten. Alle diese Bewegungen sind Folge von aktivierter Beugemuskulatur. Und je stärker die Angst und Unsicherheit ist, desto mehr spannen wir die Beuger an. Wir nähern uns mit unserem Körper der Kugelform immer weiter an. Wenn an Silvester direkt neben Ihnen ein Böller losgeht, werden Sie blitzschnell Ihren Kopf einziehen, die Bauchmuskeln anspannen, die Arme an sich reißen und vielleicht sogar ein wenig in die Knie gehen – Sie haben in Windeseile eine ganze Menge Beuger aktiviert.

Wenn ein Mensch nun des Öfteren meint, sich schützen zu müssen, wird er auch des Öfteren seine Beuger anspannen. Nicht immer voll, aber seine Beuger werden in der Regel aktiver sein als seine Strecker. Damit nimmt diese Person automatisch eine leicht gebeugte Haltung ein, mit nach vorn gezogenen Schultern. Oft geht das mit dem gesenkten Kopf einher. Die Arme baumeln nicht entspannt links und rechts am Körper herab, sondern die Ellbogen sind leicht abgewinkelt, sodass die Hände sogar vor den Oberschenkeln gehalten werden. Wenn ein Bein noch dazu ein wenig eingeknickt ist

und vielleicht sogar die Fußspitzen ein wenig einwärts gedreht sind, lässt sich der Ansatz zur Kugelform erkennen. Mit der Zeit merkt sich der Körper diese Haltung. Die Beuger lassen sich nicht mehr ohne Weiteres zur vollen Länge ausdehnen, die Strecker verlieren an Power, weil sie häufig inaktiv sind. So geht leider auch der evolutionäre Nutzen – schnell aktiv werden zu können – verloren. Und ein inneres Gefühl manifestiert sich nach außen.

Dabei kostet diese Haltung viel Energie, weil der Körper nicht mehr ideal gegen die Schwerkraft ausgerichtet ist. Doch er akzeptiert den Mehraufwand, weil er sich davon einen Nutzen verspricht. Nämlich *Schutz*. An dieser

—
Lesen Sie mehr in Kapitel 9

Haltung kann man also mehr über die Innenwelt eines Menschen erfahren als über viele andere körpersprachliche Signale. Denn es ist die *Angst,* die die Beuger aktiviert.

Prädisposition zum Angsthasen?

—
Lesen Sie mehr in Kapitel 3

Nun ist es nicht immer ganz leicht, seine Einstellung zu ändern. Und ein großer Teil der Wissenschaft ist der Meinung, dass wir mit Vorveranlagungen ausgestattet sind, die mehr oder weniger Unsicherheit zur Folge haben können. Dazu liegen mir zwei Dinge am Herzen: *Erstens:* Auch wenn es in der Persönlichkeitsstruktur einer Person die Veranlagung zur Ängstlichkeit gibt, weiß man heute aus der Epigenetik, dass diese Voraussetzung allein nicht ausreicht, um Realität zu werden. Es liegt viel an uns selbst, ob wir der Veranlagung stattgeben oder nicht.

Wie bei einem zu Fettleibigkeit neigenden Menschen wird die Prädisposition erst dann schlagend, wenn er sich wenig bewegt und zu viel isst. Zugegeben: Sein Aufwand, schlank zu bleiben, ist deutlich höher als bei einem leptosomen beziehungsweise ektomorphen Menschen. Jedoch: Sich allein auf die Gene herauszureden gilt nicht.

Bei veranlagter Ängstlichkeit ist es das Gleiche. Zum Tragen kommt diese Körperhaltung besonders bei jenen Menschen, die sich oft in Situationen begeben, in denen Angst in der Regel berechtigt erscheint.

Damit ist nicht nur die einsame Bushaltestelle mitten in der Nacht gemeint. Eminenter erscheint mir die Vorliebe für negative Schlagzeilen und überhaupt für alles, was von beunruhigender, gar schrecklicher Natur ist; das besondere Interesse an der Unfairness des Lebens und gleichzeitig das Vergessen der Fähigkeiten über die eigenen Unzulänglichkeiten; und sich vor allem mit

Menschen zu umgeben, die sich vorzugsweise über Gefahren, Missgeschicke und Ungerechtigkeiten austauschen und dafür stets die besten Beispiele parat haben – all das ist guter Nährboden für ein wachsendes Gefühl des Schutzbedürfnisses.

Neben dem negativen Gesagten, Geschriebenen und Gefühlten hat man zudem ständig Menschen in häufig gebeugter Haltung vor Augen und wird dadurch ganz stark beeinflusst. Oder glauben Sie, dass Jammerer und Nörgler mit einer aufrechten und selbstsicheren Körperhaltung durchs Leben gehen? Besonders für Menschen, die eine Veranlagung zur Ängstlichkeit haben, ist ihr Verhalten meist der Auslöser für eine gebeugte Körperhaltung.

Es ist darum empfehlenswert, jene Situationen weitestgehend zu meiden, die meist in fatalistischen und hoffnungslosen Gesprächen enden. Suchen Sie sich doch Umgebungen aus, in denen diese Themen weniger oder gar nicht aufkommen. Denn so oder so: Den Lauf der Welt werden Sie nicht ändern können. Aber *was* Sie können, ist: Ihre Lebenszeit ein bisschen unbeschwerter zu verbringen.

Um es ganz konkret zu sagen: Verändern Sie Ihre Einstellung, indem Sie sich körpersprachlich verändern! Positionieren Sie Ihren gesamten Körper dahin, wo sich Angenehmes, sozusagen die Gaudi, abspielt. Damit ändern Sie Ihre innere Einstellung schneller als mit platten Aussagen wie: »Sagen Sie sich jeden Tag 100-mal vor, wie toll das Leben ist.«

Ein gutes Beispiel, damit anzufangen, ist der Urlaub. Eine Runde Beachvolleyball macht einfach mehr Spaß, als im Urlaub jeden Tag eine Selbsthilfegruppe zum Thema »Die betrügerischen Absichten der Reisebüros und Hotelbesitzer« zu betreiben.

Zweitens: Die äußere Haltung hat wiederum eine starke Rückwirkung auf die innere Haltung, wie ein Versuch der deutschen Psychologin Sabine Stepper sehr anschaulich zeigt. Stepper hat Probanden gebeten, die optimale Sitzhöhe von Büromöbeln zu testen. Dazu ließ sie die eine Gruppe auf Stühlen Platz nehmen, die im Verhältnis zum Tisch optimal ausgerichtet waren, und sprach ihnen ein Lob aus. Die zweite Gruppe Probanden musste an Tischen Platz nehmen, die im Verhältnis zu den Stühlen viel zu niedrig waren. Damit saßen sie in gebeugter Haltung, als sie das gleiche Lob erhielten. Ihre Beugemuskeln waren aktiviert! Die »Gebeugten« nahmen das Lob weniger selbstbewusst auf als die

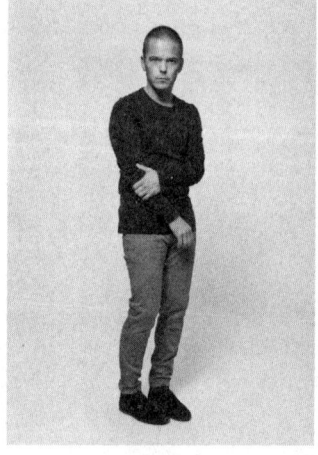

Seien Sie ein Gewinner (links) und kein Verlierer (rechts)!

»Aufrechten« – und zwar signifikant. Allein durch die Körperhaltung.

Zu ähnlichen Ergebnissen kommt eine Reihe anderer Studien. Sie alle belegen, dass das Ausmaß der Aktivierung der Beugemuskulatur *entscheidend* auf unsere innere Befindlichkeit wirkt. Eine dieser Studien, die besonders viel Aufsehen erregte, stammt von Amy Cuddy und Dana Carney von der Berkeley-Universität in den USA. Die beiden Forscherinnen wollten genau wissen, wie sehr die Körperhaltung auf unsere Gefühlswelt rückwirkt. Um die Sache messbar zu machen, untersuchten sie die Veränderung des Hormonhaushaltes ihrer Probanden. Eine Gruppe nahm klassische »Verliererhaltungen« (sogenannte *Loser*) ein: als ob sie sich niedergeschlagen, unterlegen und unsicher fühlten. Die zweite Gruppe nahm sogenannte *Winner*-Positionen ein: Kraft, Überlegenheit und Selbstbewusstsein sollten sich in ihrer Haltung widerspiegeln. Das Ergebnis schlug große Wellen, denn der Hormonhaushalt beider Gruppen änderte sich dramatisch. Das Stresshormon Cortisol, welches in uns das Panikgefühl auslösen kann, stieg bei den *Losern* um 15 % und sank bei den *Winnern* um 20 %. Umgekehrt war es beim Testosteron. Jenes Hormon, das uns kräftigt und uns ein Überlegenheitsgefühl verleiht, sank bei den *Losern* um 10 % und stieg bei den *Winnern* um 20 %. Bei Frauen und Männern gleichermaßen. Jetzt fragen Sie sich, wie lange Sie eine *Winner*-Pose einnehmen müssen, um den gewünschten Effekt zu erreichen? Die erstaunliche Antwort ist: zwei Minuten! Nach dieser kurzen Zeit hat sich Ihr Gehirn hormonell bereits dramatisch verändert.

Interessant ist auch der Nebenaspekt, dass beide Gruppen ihre Haltung doch nur »gespielt« hatten. Auch wenn sie sich zu Beginn des Tests vielleicht gar nicht entsprechend gefühlt hatten – ihr Hormonhaushalt hatte sich trotzdem adaptiert. Wenn schon wenige Minuten in einer beugeraktivierten Haltung einen dermaßen großen Unterschied ausmachen, wie groß muss er erst sein, wenn ein Mensch sie zu seiner Standardhaltung erkoren hat? Zählen wir all jene Zeiten zusammen, in denen wir uns gebeugt halten (beim Autofahren, am Schreibtisch, beim Lesen, Essen …), wird uns allmählich klar, wie weit sogar *jeder* von uns seinen Körper auf diese beugeraktivierte Haltung getrimmt hat. Inwieweit das auf unsere Gefühlswelt Auswirkungen hat, können Sie sich jetzt ausmalen. Wie im Kapitel »Warum gebrannter Ton attraktiver ist als eine nackte Pamela Anderson« beschrieben, funktioniert unser Körper vor allem übers *Tun*.

Die Strecker möchten aus dem Småland abgeholt werden!

Achten Sie demnach auf eine aufrechte Haltung. Nehmen Sie die Schultern zurück und halten Sie Ihren Kopf gerade. Blicken Sie nicht zu oft zu Boden. Schwingen Sie leicht mit den Armen beim Gehen.

Mehrwissen für Neugierige

Für Figurbewusste: Der Wunsch nach einem Sixpack birgt Gefahren für eine gesunde, aufrechte Haltung, wenn nicht gleichzeitig der Rücken trainiert wird. Einseitiges Bauchmuskeltraining fördert nicht immer einen tollen Bauch, aber in jedem Fall eine gebeugte Haltung.

Nehmen Sie sich selbst auf Fotos (und ich meine nicht auf den gestellten Studiofotos – Schnappschüsse sind viel aufschlussreicher), Videos und im Spiegel unter die Lupe. Wenn Sie sich in zu vielen Situationen mit aktivierten Beugern erkennen, beginnen Sie aber nicht gleich zu grübeln. Denn grundsätzlich ist die beugeraktivierte Haltung ja ein evolutionäres Erfolgsmodell. Aber nur dann, wenn die Gegenspieler, also unsere Strecker, gleichermaßen genutzt werden. Ziehen Sie sich deswegen nicht aus der Affäre mit »So bin ich eben, ich kann nicht anders«. Das stimmt nicht. Sie sind nämlich nicht in beugeraktivierter Haltung bei Mama herausgeploppt. Nein, die haben Sie sich im Laufe Ihres Lebens erst angewöhnt.

Und jetzt geht es mir nicht darum, Ihnen diese Haltung grundsätzlich wieder abzugewöhnen. Das würde einen wertvollen Teil Ihrer Körpersprache zum Verschwinden bringen und damit Ihre Vielfalt minimieren.

Der britische Neurophysiologe Charles Scott Sherrington beschreibt mit der *reziproken Innervation*, dass sich ein Muskel nur so weit anspannen kann, wie sein Gegenspieler eben Entspannung zulässt. Wenn Sie ständig Ihre Beugemuskeln aktivieren und sie nie vollends durchstrecken, hemmen Sie auch Ihre kräftigsten Strecker, ihren vollen Weg machen zu können. Konkret bedeutet das: Wenn Sie ständig in leicht gebeugter Haltung den Alltag meistern, werden sich die vernachlässigten Muckis über kurz oder lang denken: »Der Chef geht nie den ganzen Weg, den wir gehen *könnten*. Also verkürzen wir uns und verbrauchen so weniger Energie.« Wenn diese Muskeln dann nicht mehr voll streckbar sind, ist eine aufrechte Haltung allein muskulär schon gar nicht mehr möglich.

Wenn wir also über eine gewinnende, selbstbewusste Körpersprache nachdenken, müssen wir auch danach trachten, unsere Muskeln möglichst oft die gesamte *range of motion (ROM)* machen zu lassen. (Sie wissen schon: Wenn Sie versuchen, mit gestreckten Beinen mit den Händen Ihre Zehenspitzen zu erreichen – da Sie aber jahrelang vornehmlich gesessen haben, haben sich Ihre Beuger an den Beinen schon verkürzt und Sie werden nur mehr schwer oder gar nicht bis zum Boden kommen.)

Eine Lösung ist, dass Sie Ihre Strecker schlicht wieder mehr zur Aktivität *zwingen*. Und zwar in einer Form, die Ihnen Spaß bringt. Spielen Sie zusammen mit Freunden Tischtennis, Volleyball oder Fußball oder gehen Sie mal wieder tanzen! So verringern Sie selbst ganz einfach und nebenbei die Möglichkeit, Ihre Beuger dauerhaft zu aktivieren – und fühlen sich auch noch gut dabei. Ganz nebenbei werden Sie übrigens bemerken, dass Ihre Sorgen und Ängste sich reduzieren. Beim Ballspielen oder Sambatanzen haben die wenigsten Menschen Angst, dass ihnen der Himmel auf den Schädel kracht … In solchen Momenten der Bewegung wird in Ihrem Körper vielmehr Spaß und Freude vorherrschen. Und je öfter Sie sich in körperliche Situationen begeben, in denen es Ihnen gut geht, desto stärker wird sich Ihre Grundhaltung ändern. Und damit Ihr Denken.

Beuger aktivieren Angst, Strecker Selbstbewusstsein

Nicht unerwähnt möchte ich lassen, dass Menschen, die in beugeraktivierter Haltung durchs Leben gehen, schnell als unterlegen wahrgenommen werden. Was sie öfter zu Opfern macht. Immer wieder habe ich das in Unternehmen erlebt, in denen Kündigungswellen anstanden. Da wurde zuerst meist jenen Menschen gekündigt, von denen am wenigsten Gegenwehr zu erwarten war. Das hatten sie sozusagen vorschnell durch ihre Körperhaltung bereits suggeriert. Der Teufelskreis ist damit in Gang gesetzt: Der Mitarbeiter war vorher schon ängstlicher Natur, wird jetzt in seiner Angst bestätigt, die sich in seinem nächsten Job nur noch verstärkt.

Einiges an unserer Weltsicht und wie wir in die Welt hinaustreten, ist vorgeburtlich festgelegt. Es gibt ängstlichere und weniger ängstliche Menschen. Zu welchen auch immer Sie sich zählen – wie diese Prägung zum Tragen kommt, hängt ganz stark von Ihren Aktivitäten im Alltag ab.

Seien Sie achtsam und beobachten Sie Ihre eigene Körperhaltung. Legen Sie viel Wert auf ein Gleichgewicht zwischen Beuge- und Streckmuskulatur. Also setzen Sie sich aufrecht hin. Jetzt.

- Bei Angst aktiviert der Mensch seine Beugemuskulatur.
- Je öfter wir unsere Beugemuskulatur aktivieren, desto weniger ist eine aufrechte Haltung möglich.
- Für eine gewinnende Körpersprache ist ein Gleichgewicht zwischen Beuge- und Streckmuskulatur wichtig.
- In beugeraktivierter Haltung wirken wir unterlegener.
- Unsere gebeugte Haltung gibt dem Gegenüber das Gefühl der Überlegenheit.
- Selbstkontrolle hilft: Tendiert Ihre Körperhaltung schon ein wenig Richtung Kugel?

9

WARUM GEBRANNTER TON ATTRAKTIVER IST ALS EINE NACKTE PAMELA ANDERSON

oder *Bewegung schafft Aufmerksamkeit*

>> *Italien. Die Bar ist ganz neu. Geöffnet erst seit zwei Monaten. Ein Freund will mich unbedingt hinschleppen: der beste Espresso der Stadt und die coolsten Baristi weit und breit. Und tatsächlich. Als wir hinkommen, stehen vor der Bar viele Menschen und es herrscht lebendiges Gebrabbel.*

Als wir das Lokal betreten, das gleiche Bild. Volle Hütte und beste Stimmung. Baristi, Gäste – alle scheinen sich prächtig zu amüsieren. Als wir auf den Tresen zugehen, reißt mein Freund die Hände und Augenbrauen in die Höhe, setzt sein breitestes Grinsen auf und ruft laut »Buongiorno ragazzi«. Er muss erst gar nicht bestellen, denn Augenblicke später hat er schon einen duftenden Espresso in der Hand.

Nun trete ich als der feine Herr Superkörpersprecher näher und erwarte, dass alle in diesem Moment ihre Gespräche beenden und mir ihre ungeteilte Aufmerksamkeit schenken. Denkste. Ich stelle mich an die Theke. Aber da fragt mich immer noch niemand, was ich trinken möchte. Die plaudern einfach weiter. Bis ich anfange herumzufuchteln, damit ich auch endlich sagen kann: »Un caffè per favore.« <<

Genauso fühlen Sie sich, wenn Sie von einem Verkäufer nicht wahrgenommen werden. Der plaudert mit einem anderen Kunden, ohne ein Signal der Wahrnehmung in Ihre Richtung auszusenden. Da kann man schon mal richtig zornig werden. Dabei liegt das »Fehlverhalten« gar nicht immer bei unserem Gegenüber ... Wir selbst müssen nämlich erst Signale aussenden, die dem anderen sagen: »Hey, schau mal hierher! Ich bin spannender als der, den du bisher angegafft hast.« Genau genommen muss man auf das Gehirn der anderen attraktiver wirken als das, womit es sich bisher beschäftigt hat. Man muss sich also zum *Hingucker* machen.

Attraktivität ist keine Geschmackssache

Bevor Sie sich nun Gedanken über Ihre Körpersprache, die Haltung Ihrer Hände, Ihre Beinhaltung und Mimik machen, überlegen Sie, was Sie überhaupt zum Hingucker macht. Womit erregen Sie die Aufmerksamkeit von anderen? Und was bedeutet Attraktivität? »Ich weiß es!«, werden viele jetzt denken. Denn schließlich bilden Frau und Mann von Welt sich wöchentlich mit wissenschaftlicher Literatur weiter: über Klatsch- äh, Fachmagazine. Und zum Drüberstreuen holt man sich regelmäßig Attraktivitätstipps bei Frau Dr. Heidi Klum.

Doch die Attraktivität, die in diesen »Bildungsmedien« beschrieben wird, ist immer eine Tochter der Zeit, der Schlankheitswahn genauso vergänglich wie Ponyfrisur und Wasserstoffblond. Ob Männer mit Bart oder kahl rasiert gerade in sind, ändert sich im Jahresrhythmus. Und dabei haben Modegesetze noch nicht einmal auf der ganzen Welt gleiche Gültigkeit. So sind Schnauzbärte in manchen Regionen doch total hip, während sie in anderen so gar nicht gehen. Meist ist Geschmack schon von Person zu Person verschieden. Es heißt schließlich nicht umsonst: »Über Geschmack lässt sich nicht streiten.«

Doch es gibt tatsächlich *einen* Faktor, den jeder Mensch als attraktiv wahrnimmt. Unabhängig davon, an welchem Ort der Erde er lebt. Beachten Sie *den*, wird es den meisten Personen den Kopf förmlich nach Ihnen herumreißen. Das Wissen um jenen Attraktivitätsfaktor macht deutlich, warum einige Menschen immer im Zentrum der Aufmerksamkeit stehen, auch wenn sie nicht unbedingt mit dem besten Aussehen gesegnet sind.

——— *Move your body!*

Gott Vater und Darth Vader: Die Präsenz zählt

Um auf andere attraktiv zu wirken, ist es erst einmal unerlässlich, *anwesend* zu sein. Lachen Sie nicht, so selbstverständlich ist das gar nicht! Es gibt Persönlichkeiten, die sind noch nie tatsächlich anwesend gewesen und bekommen trotzdem die Aufmerksamkeit der gesamten Weltbevölkerung. Ich denke hier an Gott (optional Allah, Jahwe, Darth Vader ... Sie können hier Ihren beliebigen »Gott« einsetzen).

Übertragen auf den Alltag: Man muss nicht bei jedem Meeting erscheinen und auch nicht bei jeder Mieterversammlung mit von der Partie sein. Wenn Sie allerdings wollen, dass Sie wahrgenommen werden, um Ihre eigenen Ideen durchzusetzen, wirkt die simple Anwesenheit schon mal Wunder. (Oder man schickt eine Vertrauensperson aka Jesus vorbei.)

Aber reicht unsere simple Anwesenheit wirklich aus, um wahrgenommen zu werden?

Meine Bekannte Petra jammerte mir unlängst vor: »Mir hört ja keiner zu!«:

>> *Es geht um die Aufteilung der Urlaubszeiten. Die Ansage vom Chef ist, nicht mehr alle dürfen zur gleichen Zeit in den Urlaub gehen. Wir sollten es untereinander ausmachen, ihm sei alles recht, wenn nur das Telefon ständig besetzt sei.*

Wir versammeln uns also zu viert im Besprechungsraum, um eine Lösung zu finden. Andrea, die immer alles besser weiß und das auch jeden wissen lässt. Maria, die zwar zurückhaltender, mit ihrem durchdringenden Blick aber manchmal sehr durchsetzungsfähig ist. Johanna, die Ulknudel vom Dienst. Die mag jeder, weil sie uns immer zum Lachen bringt. Auch wenn ihre Witze nicht immer die besten sind, steckt sie uns spätestens dann mit ihrer Fröhlichkeit an, wenn sie über ihre eigenen Witze lacht. Ja – und ich. Ich bin am längsten dabei und sehe die Dinge ein wenig abgeklärter. Deswegen lasse ich die anderen erst mal machen und sich ihre blutigen Nasen holen. Ich werde mich melden, wenn etwas aus dem Ruder läuft. Für mich ist alles okay, solange ich nicht die Hochsaison als Urlaubszeit zugeteilt bekomme. Reisen im Juli oder August? Bei den Preisen? Auf gar keinen Fall.

Wir treffen uns also um neun Uhr im Besprechungsraum und nehmen unsere gewohnten Plätze am viel zu großen Tisch ein. Jeweils zwei und zwei gegenüber. Ganz vorne Andrea und Maria. Johanna und ich hinten. Schon in der Schule saß ich immer ganz hinten. Ich habe mich noch nie in den Vordergrund gedrängt. Obwohl ich oft die besten Ideen habe. Aber auf mich hört ja keiner.

Andrea ist da ganz anders. Sie ist laut und überall dabei. Mir scheint, dass sogar der Chef ihren Ideen mehr Gehör schenkt als meinen. Auch diesmal ist sie früher da. Jedenfalls stehen am Flipchart schon unsere verbleibenden Urlaubszeiten angeschrieben. Streberin. Und dann noch ihre Art zu schreiben, mit all den Herzchen und bunten Unterstreichungen – oh Gott, wie retro ist das denn?! Aber ich muss zugeben, ich kann den Blick von diesem Flipchart nicht abwenden. Und immer diese Hyperaktivität. Kaum sitzen alle, springt sie auch schon auf und erklärt ihre Aufzeichnungen. Alle hören ihrem Gelaber zu. Dabei sind die Schnörkel doch selbsterklärend. Ich hätte dazu zu sagen gehabt, dass es gar nichts zu sagen gibt. Aber mir hört ja keiner zu.

Die lieben Kolleginnen nicken ihr eifrig zu. Die scheinen ihre Worte wirklich spannend zu finden. Na, da haben sich ja drei gefunden. Streberinnen. Ich sage nichts. Hyperaktivität habe ich mir in der Firma schon lange abgewöhnt. Bringt doch nix. Deswegen bekomme ich auch nicht mehr Gehalt. Nicht auffallen ist meine Devise und damit bin ich bisher gut gefahren. Klar, ich hätte schon einige Verbesserungsvorschläge für die Bude parat. Aber mir hört ja keiner zu.

Johanna reißt ihren Mund auf und macht den ersten Witz. Alle lachen. Außer mir. Ich bin genervt von diesem Meeting. Ich will einfach meinen Urlaub in der Nebensaison machen und basta. Jetzt erzählt Andrea auch noch von ihrem Neffen. Auf den müsse sie im Juni aufpassen, weil ihre Schwester just in dem Monat keinen Urlaub nehmen könne. Sie läuft zu ihrer Tasche und kramt ihr Smartphone heraus. Hat sie doch glatt ein Foto von der Göre dabei – sozusagen als visuelle Unterstützung. Maria und Johanna stehen prompt auf und starren auf das Display. »Oooh, wie süüüüüüß!!!« Ich mache da nicht mit, ich bleibe sitzen.

Die Nebensaison reicht mir! Mit unbewegter Mimik werfe ich von meinem Platz aus in die aufgebrachte Hühner-schar ein: »Können wir weitermachen?« Aber mir hört ja keiner zu.

Gegen Kinder habe ich keine Chance – und wenn sie nur als Foto anwesend und nicht mal die eigenen sind. Damit wäre der Juni wohl vergeben.

Als sich alles wieder beruhigt hat, gesteht uns Maria, dass ihr der Urlaub im September wichtig sei, um sich auf einen Triathlon vorzubereiten, der im November stattfinde. Beim Sprechen wandert ihr Blick von einer Kollegin zur anderen – bis zu mir. Sie dreht sich dabei mit dem ganzen Oberkörper nacheinander zu jedem von uns und schaut uns dabei direkt in die Augen – keiner wagt es, sie zu unterbre-chen. Auch ich nicht. Zuerst ihr Blick, dann der Kopf und anschließend der gesamte Rumpf. Ich kann gar nicht um-hin, ihr meine Aufmerksamkeit zu schenken. Dazu bewegt sie ihre sehnigen, muskulösen Arme mit so viel Eleganz, wie es eben nur gut trainierte Menschen können. Ich sollte auch mal wieder etwas tun, denke ich, denn meine Sehnen sind schon lange nicht mehr sichtbar. Ich protestiere nicht einmal mit einer Braue, als ihr alle bereitwillig den Sep-tember geben.

Jetzt wirds knapp, denn im Mai ist bei uns Messezeit und da ist Urlaubssperre. Also kommt nur noch der Okto-ber infrage. Ich habe meinen Gedanken noch nicht einmal zu Ende gedacht, da haut Johanna mit der Hand auf den Tisch und legt los: »Stirbt der Bauer im Oktober, braucht er im Winter keinen Pullover.« Riesengelächter. Auch ich schmunzle. Allerdings mit angezogener Handbremse. Es hebt sich bei mir nur ein Mundwinkel, die Augenbrauen bleiben unbeweglich und meine Hände umklammern mein Handy. Ich setze an: »Wenns euch nichts ausmacht, würd

ich gerne ...« Johanna setzt zu einem neuen Schenkel-
klopfer an und ruft anschließend passend und gut platziert
ihren Urlaubswunsch in die Runde: Oktober, na klar.
Übrig bleiben: Juli und August. Also nichts wie hinein in
Urlaubsstaus und Touristenmassen! Ich sag ja: Nie hört
mir einer zu. **‹‹**

Wie Sie an Petras Erlebnis wunderbar erkennen können:
Auch wenn die Anwesenheit ein großer Startvorteil ist,
sie allein reicht nicht aus.

Gehen wir noch einmal zurück in Ihre Schulzeit: Erinnern Sie sich an jenen Lehrer, der 50 Minuten an seinem
Pult stand und mit seinen Augen auf seinen Unterlagen
klebte? Oder an den letzten Redner beim Kongress, der
25 Minuten stocksteif dagestanden hat? Wenn Ihnen diese Beispiele nicht reichen, schalten Sie zu einer Debatte
im Bundestag! Sie werden merken, wie schwer es Ihnen
fällt, aufmerksam zuzuhören, wenn sich beim Redner
»nichts tut«. Bei der kleinsten Bewegung am Rand wird
sich Ihre Aufmerksamkeit von ihm weg, hin zur Unruhe,
richten. Selbst wenn er gerade tatsächlich spannende Fakten formuliert. Unser Gehirn findet schlicht Informationen
für die Augen interessanter als Informationen für einen
unserer anderen vier Sinne.

Schauen wir uns doch einmal genau an, wie viel Andrea,
Maria und Johanna jeweils investiert haben (vielleicht
auch nur unbewusst), um Aufmerksamkeit zu erregen.
Allein ihre körpersprachlichen Signale haben immerhin
dazu geführt, dass Petra binnen weniger Minuten zur
Außenseiterin wurde. Der schlägt man eine Bitte natürlich viel leichter ab als einem Rudelmitglied.

Wissen Sie noch? Andrea ist schon anwesend – vor allen anderen. Damit ist sie der Blickfang für jeden, der den Raum betritt.

Wir treffen uns also um neun Uhr im Besprechungsraum und nehmen unsere gewohnten Plätze am viel zu großen Tisch ein. Jeweils zwei und zwei gegenüber. Ganz vorne Andrea und Maria. Womit die beiden automatisch im Fokus stehen, immer wenn die zwei anderen nach vorne schauen.

Streberin. Und dann noch ihre Art zu schreiben, mit all den Herzchen und bunten Unterstreichungen – oh Gott, wie retro ist das denn?! Aber ich muss zugeben, ich kann den Blick von diesem Flipchart nicht abwenden. Farben sind für unser Auge attraktiv.

Und immer diese Hyperaktivität. Kaum sitzen alle, springt sie auch schon auf und erklärt ihre Aufzeichnungen. Ein schlichtes Mittel, aber wirksam: Bewegung macht Andrea zum Hingucker. Weil sie zum Sprechen aufsteht, sichert sie sich noch mehr Aufmerksamkeit.

Die lieben Kolleginnen nicken ihr eifrig zu. Der Mensch ist ganz klar ein Rudeltier. Führt der Großteil der Gruppe zustimmende Gesten aus, animiert uns das, mitzumachen. Johanna und Maria nicken sogar synchron zu Andreas Aussagen. Damit klären die drei ihre Zusammengehörigkeit.

Johanna reißt ihren Mund auf und macht den ersten Witz. Damit fällt sie natürlich allein durch ihre große Mimik auf. Die Lautstärke tut ihr Übriges.

Alle lachen. Klares Zeichen von erneuter Gruppendynamik im Rudel.

Jetzt erzählt Andrea von ihrem Neffen. Auf den müsse sie im Juni aufpassen, weil ihre Schwester just in dem Monat keinen Urlaub nehmen könne. Sie läuft zu ihrer Tasche – klar, da schaut man hin – *und kramt ihr Smartphone heraus.* Was fummelt die da bloß in ihrer Tasche? Der Mensch ist per se ein neugieriges Wesen, übrigens.

Hat sie doch glatt ein Foto … Ich will auch sehen! Maria und Johanna bewegen sich auf Andrea zu. Ganz eindeutig: Rudelbildung.

… von der Göre dabei. Maria und Johanna stehen prompt auf und starren auf das Display. »Oooh, wie süüüüüß!!!« So viele gemeinsame Signale geben ihnen das Gefühl, eine Gruppe zu sein. Damit fällt es ihnen untereinander schwerer, sich gegeneinander zu wenden. Geopfert wird der Außenseiter.

Ich mach da nicht mit, ich bleibe sitzen. Maria verhält sich insgesamt zwar ruhiger, aber *beim Sprechen wandert ihr Blick von einer Kollegin zur anderen – bis zu mir.* Der direkte Blickkontakt wirkt unwiderstehlich und man kann sich ihm schwer entziehen.

Sie dreht sich dabei mit dem ganzen Oberkörper nacheinander zu jedem von uns. Weil sie dazu noch ihren ganzen Oberkörper einsetzt, hat sie unsere volle Aufmerksamkeit für sich.

Dazu bewegt sie ihre sehnigen, muskulösen Arme mit so viel Eleganz, wie es eben nur gut trainierte Menschen können. Viel Bewegung, noch dazu so attraktive, zieht auch viele Blicke auf sich.

Ich habe meinen Gedanken noch nicht einmal zu Ende gedacht, da haut Johanna mit der Hand auf den Tisch – Bewegung und akustisches Signal! *– und legt los:* »Stirbt der Bauer im Oktober, braucht er im Winter keinen Pullover.« *Riesengelächter.* Johanna zu folgen ist einfach: Sie ist laut, spielt auffällig mit ihrer Mimik und bringt uns zum Lachen. Große Mimik und Gestik sowie ein herzhaftes Lachen wirken auf Menschen immer attraktiv.

Auch ich schmunzle. Und lasse mich damit zu einem ersten Gruppensignal hinreißen.

Alle drei Frauen haben viel dafür getan, Aufmerksamkeit zu gewinnen. Die Voraussetzung dafür, dass ihre Inhalte ankommen.

Nur Petra hört wieder mal keiner zu … denn die reine Anwesenheit reicht offenbar nicht aus, um zum Hingucker für andere zu werden. Es muss sich auch etwas *tun* – denn das empfindet unser Hirn als spannend.

Und jetzt kommt es, der wichtigste Attraktivitätsfaktor heißt: *Bewegung!*

Bewegung ist attraktiv

Sie liegen auf einer Wiese, es ist windstill und die Sonne färbt die Landschaft in ein sattes Grün. Sie sind umgeben von Millionen von Grashalmen. Es sind so viele, dass Sie die einzelnen Halme nicht mehr erkennen, sondern eine einheitliche grüne Fläche vor Ihrem Auge wabert. Plötzlich nehmen Sie eine Bewegung wahr. Links neben Ihnen zittern einige Grashalme. Blitzschnell hat Ihr Hirn unter den unzähligen Grashalmen eine Priorisierung vorgenommen. Die nur wenigen Gräser, die sich bewegt haben, sind deutlich attraktiver als all die anderen. Dabei hat nicht das Gras allein den Unterschied gemacht, sondern seine *Bewegung*. Dort, an der winzigen Stelle auf der Wiese, scheint sich etwas zu tun. Noch wissen wir nicht genau, was los ist. War es nur ein zarter Lufthauch? Oder schlängelt sich genau dort ein gefährliches Reptil? Ginge es um Letzteres, hätten wir auch prompt die Antwort auf unsere Frage, warum Bewegung für unser Gehirn zentral ist: Sie bedeutet immer Veränderung. Und das kann

Lesen Sie mehr in Kapitel 1

Veränderung hin zur Gefahr bedeuten. Somit waren für unser Überleben die paar zitternden Grashalme allemal mehr Hingucker als eine ganze ruhige Wiese.

Bewegung bedeutet Veränderung

Ein Gegenstand, ein Tier und auch ein Mensch ist per se noch nicht unbedingt so attraktiv, dass wir ihm mehr Aufmerksamkeit schenken als seiner Umgebung. Ein Ziegelstein ist erst mal nicht interessant. Wenn der Ziegelstein aber in ein Meter fünfzig Höhe in Ihre Richtung fliegt, glauben Sie mir, es könnten Pamela Anderson und George Clooney nackt neben Ihnen stehen, Sie hätten nur Augen für den gebrannten Tonklumpen.

Wenn Sie attraktiv wirken wollen, müssen Sie dem Hirn des Gegenübers das liefern, was es als attraktiv erkennt. Und das ist vor allem – na klar, Bewegung! Ihr Körperausdruck muss sich dann und wann verändern. Tut er es nicht, werden Sie visuell unattraktiv – unabhängig von Ihrem Äußeren – und Ihr Gegenüber sucht sich einen attraktiveren Anziehungspunkt. Sie wissen noch: Ihre Schulzeit und das letzte Firmenmeeting … nach 30 Minuten Power-Point-Orgie segeln Sie entspannt im Traumland dahin. Da fungieren die kleinsten visuellen Ablenkungen als Aufwecker: Sobald die Tür aufgeht, weil jemand zu spät kommt, drehen alle ihre Köpfe. Die Fliege, die ständig durchs Bild des Beamers surrt, bekommt mehr Aufmerksamkeit als die Budgetzahlen. Die frei schwingenden Ohrringe der Nachrichtenmoderatorin bleiben länger in Ihrem Gedächtnis hängen als die eigentlichen News. Und genau deswegen fuchteln Sie auch so hysterisch herum, wenn Sie auf der anderen Straßenseite einen Bekannten erkennen. Sie wissen genau: Erst durch die Bewegung stechen Sie aus den Sie umgebenden visuellen Eindrücken heraus und werden zum Hingucker.

Bewegung geht vor gesprochenem Wort

Das gilt auch für Sie! Oder meinen Sie, Ihr Zuhörer guckt während Ihrer ach so spannenden Urlaubserzählung verstohlen auf die Uhr, um tatsächlich zu wissen, wie spät es ist? Fragen Sie einfach mal zum Test, wie spät es ist. Keine Ahnung? Dann waren Sie möglicherweise visuell ein klein wenig unattraktiver als ein Sekundenzeiger …

Bewegungslosigkeit ist irrelevant

Bevor wir uns den Kopf zerbrechen über die optimale Mimik oder die perfekte Beinhaltung, ist es grundsätzlich einmal wichtig, dass wir uns, während wir uns unterhalten, diskutieren, etwas vortragen, von Zeit zu Zeit überhaupt bewegen, unseren Körperausdruck verändern. Erst einmal unabhängig davon, wie. Denn: Bewegungslosigkeit ist nicht relevant für unser Hirn!

Bewegung macht den Meister

Das widerspricht allerdings der weitverbreiteten, ungeschriebenen Regel: Wenn man spricht, bewegt man sich nicht! Erinnern Sie sich an Ihr erstes Referat? Die Zettel mit den Notizen fest in der Hand, stocksteif vor der Klasse stehend. Oft hat uns der Lehrer noch darin bestärkt, nicht herumzuzappeln. Womit wir genau das getan haben, was am unattraktivsten ist. Nämlich nichts.

Dabei machen es dem Inhalt angemessene(!) Bewegungen dem Zuseher sogar leichter, uns zu folgen. Ich meine nicht diese stupiden, sich immer wiederholenden Bewegungen: der Lehrer, der mit hinterm Rücken verschränkten Armen vor der Klasse auf und ab geht, bis der Boden ganz abgelaufen ist, der Dozent an der Uni, der während seiner Vorlesungen immer die gleichen Handbewegungen macht. Diese Bewegungen sind so gleichförmig, dass unser Hirn sie sehr schnell als nicht relevant einsortiert.

Mir geht es um Bewegungen, die sich *ändern*. Am besten solche, die das Gesagte erklären, es unterstützen oder die Punkte unterstreichen, die uns besonders am Herzen liegen. Bewegungen können beschreiben, *wie* wir etwas zu verstehen haben. Sie geben uns Information *über* die Information. Zum Kellner zu sagen: »Können wir bitte etwas zu trinken bestellen?«, mit einer freundlichen, zurückgenommenen Mimik, bedeutet etwas ganz anderes, als wenn der Satz mit einem vorwurfsvollen Blick und einer fordernden Geste gesagt wird. Tempowechsel, Änderung der Blickrichtung, Veränderung der Mimik, verschiedene Gesten – Signale solcher Art geben dem Zuhörer zu verstehen, welche Information für ihn besonders wichtig ist (oder es aus unserer Sicht sein sollte), ob etwas vielleicht als Witz zu verstehen ist, ob er achtgeben muss, weil als Nächstes das Entscheidende folgt, oder ob die eine Zahl wichtiger ist als die andere. Erst durch diese Struktur wirkt Gesagtes auf uns überhaupt attraktiv.

Werden Sie zum Märchenerzähler

Als Kommunikationspartner werden Sie Mittel anwenden müssen, wie gute Märchenerzähler es tun: mal die Augen weit aufgerissen, mal den Blick tief gesenkt; dann die Arme weit ausgebreitet und sich anschließend ganz klein gemacht.

Mit jeder neuen Figur und jeder einprägsamen Wendung führt uns ein guter Erzähler die Story *vor Augen*. Damit bleiben nicht nur Kinder gebannt an seinen Lippen hängen. Und nicht nur dort. Es ist ein Irrglaube, dass nur Kinder diese Bewegungen benötigen, um ihre Aufmerksamkeitsspanne halten zu können. Es scheint nur so, dass mit zunehmender Entwicklung des Neocortex und der frontalen Stirnlappen (und damit des rationalen Denkvermögens) in uns mehr und mehr Hemmungen wachsen, mit körperlichem Ausdruck zu sprechen. Besonders vor Erwachsenen. »Mein Thema ist viel zu ernsthaft« oder »Ich spreche über Zahlen und Fakten – ich bin doch kein Märchenerzähler!«, werden Sie jetzt vielleicht einwenden. Ich kann Ihnen versichern, dass dieser Umstand die Sache sogar noch verstärkt. Als Märchenerzähler bestünde vielleicht sogar noch die Chance, durch die reine Geschichte Bilder im Kopf zu erzeugen, die Sie mit Ihrem Körper nicht zustande bringen. Bei einem trockenen Thema ist es umso wichtiger, visuelle Akzente zu setzen!

— Lesen Sie mehr in Kapitel 7

Nehmen wir als Beispiel herkömmliche Fachbücher. Der Großteil ist in monotonem Fließtext geschrieben. Hunderte Seiten lang vermittelt das Schriftbild wenig Attraktives. Jetzt seien Sie ehrlich: Sie lechzen doch auch ständig vor zu Seite 141, weil sich dort das nächste Foto im Buch findet! (Ich weiß, Sie haben kontrolliert. Können wir jetzt weitermachen?)

Es zieht Sie einfach mehr an als der reine Text. Wie bitte? Sie brauchen so etwas nicht? Harte Fakten und Wissensvermittlung in trockener Form sind Ihnen am liebsten?

Dann gehören Sie zu einer verschwindend geringen Minderheit. Laut einer Umfrage werden anscheinend nur

10 % aller Fachbücher über das erste Kapitel hinaus gelesen! Und eine britische Studie fügt hinzu, dass die meisten Fachbücher zum Schmücken des Wohnzimmerregals gekauft werden. Ich verspreche Ihnen: Sie werden in Zukunft diese »Wichtigmacherregale« mit ganz anderen Augen sehen …

Was nicht bedeutet, dass all diese Bücher es nicht wert sind, zu Ende gelesen zu werden. Meiner Ansicht nach ist es vielmehr so, dass Autoren und Verlage viel in die visuelle Attraktivität von Titel und Cover investieren. Was oftmals im Inneren des Buches nicht fortgeführt wird.

Übrigens sollte jede Art von Schriftstück (Brief, E-Mail oder Memo – und, liebe Hausfrauen und -männer, probieren Sie es doch einmal mit dem Einkaufszettel!) so aufbereitet sein, dass unser Auge Bewegung im Schriftbild erkennt. Absätze, Aufzählungszeichen und fett oder kursiv Geschriebenes (in Maßen) bieten unserem Auge mehr Abwechslung.

Damit schließt sich der Kreis: Zuerst muss etwas für das Auge attraktiv sein, damit wir in der Folge seinen Inhalten Aufmerksamkeit schenken.

Lesen Sie mehr in Kapitel 1

Aber weil diesem Umstand so wenig Bedeutung beigemessen wird, werden in der Schule, der Universität, im Theater, bei Referaten, Vorträgen, in Meetings und Seminaren strikte Handyverbote erteilt. In meiner Show werden Sie das nicht erleben. Denn ich weiß: Wenn ich nicht attraktiver bin als eine eingehende SMS, dann ist das *mein* Problem! Auch mit Verboten bekomme ich dann nicht mehr Aufmerksamkeit.

Für das Sprechen vor einer Gruppe, egal ob Schulreferat, Beitrag in einem Meeting oder Ansprache bei der Hochzeitstafel: Schenken Sie den Augen der Zuhörer etwas, das sie wach hält! Bewegung. Bleiben Sie nicht wie angewurzelt stehen, sondern suchen Sie sich Orte im Raum, die Sie während des Sprechens ansteuern.

Nehmen wir als Beispiel ein großes Firmenmeeting: Sie könnten zu Anfang Ihrer Ausführungen und am Ende für die Publikumsfragen im *Zentrum* stehen. In der Folge nehmen Sie immer diese Position in der Mitte ein, wenn Sie über Allgemeingültiges und Grundsätzliches sprechen beziehungsweise wenn Sie eine Frage beantworten. Wenn Sie nach der Eröffnung die Agenda Ihres Vortrags vorstellen, könnten Sie sich zum *Flipchart* oder an eine *Tafel* bewegen, die sich an der linken Seite des Raums befindet und von überall gut einsehbar ist. Inhaltspunkte könnten dort angeschrieben werden oder Sie haben diese bereits vorbereitet. Das Flipchart/die Tafel sollte möglichst so platziert sein, dass Sie ein paar Schritte dorthin brauchen. Immer wenn Sie zum nächsten Punkt auf der Agenda wechseln, kehren Sie konsequent zu diesem Platz zurück. Als dritte Position im Raum kann gut der Platz rechts neben der *Projektionswand* dienen, sodass Sie Ihre Präsentationsfolien mitmoderieren können.

Damit stehen *drei Orte* fest, die Sie während Ihres Vortrags einnehmen:

- Die Mitte der Präsentationsfläche: für Ansprache, Allgemeingültiges und Fragen
- Die linke Seite des Raums: für die Agenda
- Die rechte Seite des Raums: für die eigentlichen Inhalte des Vortrags

Allein durch die Festlegung dieser drei Positionen haben Sie mehr Bewegung in Ihren Vortrag eingebaut als die meisten Ihrer Kollegen. (Das ist nur ein Beispiel, wie Sie

den Raum nutzen können. Bitte verstehen Sie das nicht als die einzige Möglichkeit.) Sie werden jetzt vielleicht einwenden: »Für eine kurze Präsentation ist das doch ein wenig überzogen« oder »Bei uns in der Firma ist das unüblich, wir haben zu wenig Platz im Meetingraum.«
Ich kenne alle diese Argumente.
Und kann nur bei meinen eigenen Erfahrungen bleiben: Nach Hunderten kleinerer und größerer Vorträge, Seminare und Präsentationen ist mir noch kein Raum untergekommen, in dem ich nicht zumindest ein klein wenig Bewegung untergebracht hätte. Vielleicht liegt es manchmal am fehlenden Mut, Gewohnheiten aufzubrechen.

Mit diesen »Bewegungstipps« möchte ich Ihnen etwas an die Hand geben, mit dem Sie gleich auf mehreren Ebenen vorteilhaft wirken.

Bewegung im Job

1. Durch Bewegung erhöhen Sie die Aufmerksamkeit.
Sie kommen sich ein wenig vor wie bei einem Tennisspiel? Auch dort schaut kein Mensch konzentriert auf die einzelnen Spieler. Vielmehr drehen sich die Köpfe von links nach rechts – der Bewegung des Balls kann sich niemand entziehen. Genauso werden Ihnen die Meetingteilnehmer mit den Blicken folgen, wenn Sie von einem zum nächsten Punkt im Raum wandern. Damit sind Sie schon definitiv attraktiver als der Sekundenzeiger.

2. Sie geben Ihrem Vortrag eine Struktur.
Indem Sie konsequent inhaltliche Punkte mit Orten im Raum verbinden, erlauben Sie den Zuhörern eine

bessere Orientierung, auch wenn ihnen selbst dieser Umstand gar nicht bewusst ist. Während Sie vom Zentrum zur Projektionswand wechseln, werden Diskussionen mehr und mehr verstummen, denn die Zuhörer wissen: Jetzt folgt wieder etwas inhaltlich Neues. Genauso wissen sie: Ihr Gang zum Flipchart bedeutet, dass der nächste Punkt auf der Agenda ansteht.

3. Sie wirken selbstbewusster.
Durch das Umhergehen nehmen Sie die »Bühne« für sich in Anspruch. Wer sich traut, Raum für sich in Anspruch zu nehmen, strahlt (Selbst-)Sicherheit aus.

4. Sie bauen das Lampenfieber effektiver ab.
Stress ist eine Körperreaktion, die im Laufe der Evolution zu Bewegung geführt hat (wenn der Säbelzahntiger um die Ecke bog, liefen wir weg). Über Bewegung geben wir auch heute noch unserem Körper die Chance, Stress abzubauen. Zudem verlieren Sie die wissenshungrige Meute für einen kurzen Moment aus den Augen, wenn Sie den Platz wechseln. Bei großem Lampenfieber wird Ihnen diese Pause guttun.

Bewegung im Alltag

Jetzt wollen Sie natürlich von mir wissen, was genau Sie tun müssen, um im Alltag attraktiv zu wirken. Nur, wissbegieriger Leser, ich weiß doch nicht, *worüber* Sie reden wollen!

Wollen Sie von Ihrem letzten Urlaub schwärmen, smalltalken, hängen Sie locker an der Bar ab oder geht es um eine Auf-der-Couch-er-guckt-Sportschau-sie-will-über-den-Tag-reden-Kommunikation?

Jetzt erinnern Sie sich mal an jene Körperteile, denen wir besonders Aufmerksamkeit schenken!

Lesen Sie mehr in Kapitel 6

Bewegen Sie sich

Aktivieren Sie Ihre *Augenbrauen*. Immer wieder. Als Kind haben Sie das nämlich pausenlos gemacht. Bei Erstaunen, Ärger, Schmerz und Lachen. Im Laufe der Jahre haben viele von uns diese Bewegung nur noch für Konzentration, Ärger und Zorn drauf. Das erkennt man an den Falten, die sich senkrecht in die Stirn eingebrannt haben – und auch die versuchen Sie mit Botox wegzubetäuben. Nicht dass diese Bewegung grundsätzlich falsch wäre. Sie ist nur eben recht ein*fältig*. Beobachten Sie einmal eine Frau, die ein Baby aus der Wiege hebt und es sich vors Gesicht hält. Sie macht ihre Augen groß und zieht dabei die Augenbrauen nach oben. Das ist Trick 17 von Mutter Natur! Wie im Kapitel »Der Mensch ist ein Menschlein« beschrieben, zeigen wir damit Aufnahmebereitschaft. Umgekehrt *induzieren* wir auch Aufnahmebereitschaft.

So animieren Sie Ihr Kind nie zum Essen

Zuerst motorische Aktivität zeigen; dann folgt unser Gegenüber nach

Das heißt, wer mit offenen Augen spricht, animiert den anderen, sich ebenfalls zu öffnen. Was wiederum uns selbst animiert, unsere Offenheit beizubehalten. Was wiederum den anderen animiert und so weiter und so fort …

——

Lesen Sie mehr in Kapitel 2

Bewegen Sie Ihren *Mund* beim Sprechen. Ohne das gehts ohnehin nicht, klar. Aber ein wenig mehr Mühe könnten Sie sich schon geben. Die meisten unter Ihnen zumindest. Unzählige Studien belegen, dass Menschen mit ausgeprägten Mundbewegungen als selbstbewusst wahrgenommen werden. Was beim Sprechen konkret bedeutet, den Mund deutlich zu bewegen und das Lachen nicht mit den Lippen zu ersticken. Menschen, die ihren Mund beim Sprechen nahezu kaum bewegen, erwecken schnell den Eindruck, sie hätten zwar etwas zu sagen, aber gleichzeitig Angst, es herauszulassen: »Von mir kam der Blödsinn nicht.«

Nicht nur Worte, sondern auch Gefühle lesen wir übrigens am Mund ab. Und je deutlicher wir sie erkennen, desto attraktiver der Anblick. Ein deutliches Lächeln, auch mal verärgert nach unten verzogene Mundwinkel oder nachdenklich aufeinandergepresste Lippen – all das hilft uns dabei, zum Hingucker zu werden.

»Zu viel herumzugestikulieren spricht für Nervosität.« Wieder so eine Halbwahrheit. Oder wie mir kürzlich ein Fernsehmoderator erzählte, er habe in seiner Ausbildung noch gelernt: »Wer nichts zu sagen hat, spricht mit seinen Händen.« Da gebe ich dem Ausbilder durchaus recht. Allerdings: Wer etwas zu sagen hat, der spricht *auch* mit den *Händen*. Wir müssten uns schon sehr hemmen, um nicht mit dem gesamten Körper zu sprechen. Und das ist auch gut so.

Nur wenn Gesten kurz und fahrig sind, wirkt der sie Ausführende unsicher. Am selbstbewusstesten wirkt immer derjenige, der sich seiner Bewegungen sicher ist.

Deswegen: Machen Sie *große* Bewegungen. Und lassen Sie sie länger im Raum stehen. Wenn etwas »50 cm breit ist«, breiten Sie die Arme deutlich aus und halten Sie diese Geste einen Moment. Zu schnelles Auflösen wirkt schnell zu dynamisch – sprich: hektisch.

Wenn Sie »drei Punkte« aufzählen, fummeln Sie mit ihren Fingern nicht irgendwo zwischen Gürtelschnalle und Hosenknopf für ein paar Millisekunden herum. Das könnte die Gedanken in eine falsche Richtung lenken … Zeigen Sie es deutlicher und ausreichend lange an – und vor allem: über der Gürtellinie.

Zeigen Sie es deutlicher an!   Kleine Bewegungen sind für das Auge nicht so attraktiv wie große

Augenbrauen, Mund und Hände – die bewussten Bewegungen dieser drei Körperteile sind natürlich nicht die einzigen, die uns für das Gegenüber attraktiv machen. Aber sie sind ein guter Start.

So zeigt ein Deutscher Staunen   Ärger   Freude*

* Wir Ösis sind auch nicht viel besser.

Welche Menschen ziehen viel Aufmerksamkeit auf sich? Sie müssen diese Personen nicht unbedingt sympathisch finden. Auch müssen Sie nicht mit ihren Inhalten konform gehen. Wir interessieren uns hier nur für: Aufmerksamkeit erregen.
Beobachten Sie die Aktivität der Körperteile, um die es eben ging. Internetvideos sind dabei eine gute Quelle. Und stellen Sie sich immer die Frage: Wäre dieser Mensch ohne sein Amt, also als völlig Unbekannter, ob seiner Körpersprache in der Kneipe nebenan ein Hingucker? Menschen wie Barack Obama, Richard Quest, Angela Merkel, Christian Wulff, Silvio Berlusconi, Thomas Gottschalk, Christine Lagarde, Günther Jauch, Conchita Wurst, Kevin McCloud, Barbara Schöneberger ... (und ich verkneife mir zu erwähnen, wer mir sympathisch ist und wer eben weniger).
Also los: Bewegen Sie sich!

Und so zeigt ein Italiener Staunen   Ärger   Freude

10

VON WUNDERWUTZIS UND SCHMAROTZERN
oder *Wie wir zur attraktiven Haltung kamen*

Wenn wir uns mit *attraktiver* Körpersprache beschäftigen wollen, müssen wir ein wenig mehr in unseren Körper hineinschauen. Genauer: in unser Skelett und unsere Muskulatur. Auch hier ist es wichtig, die Grundlagen zu erkennen, um voranzukommen. Wir wollen uns nicht mit platten Aussagen wie »Verschränken Sie nie Ihre Arme«, »Heben Sie den Kopf höher« und »Machen Sie einen geraden Rücken« abgeben. Eine gewinnende Körperhaltung muss *Eigenschaften* aufweisen und nicht Einzelsignale.

Eigenschaften, nicht Einzelsignale

Sitzen Sie im Moment gerade oder krumm oder liegen Sie gar?
Wie halten Sie Ihre Arme, liegen sie auf einem Tisch oder an Ihrem Körper auf?
Und das Buch: Halten Sie es in der Luft oder liegt es irgendwo auf?
Lassen Sie mich raten: Höchstwahrscheinlich stützen Sie Ihre Extremitäten irgendwo auf. So wie auch das Buch. Warum? Weil es auf Dauer zu anstrengend wäre, alles in

der Luft zu halten. Das würden Sie nicht lange aushalten. Allein unsere Arme sind zu schwer, als dass wir sie ständig seitlich von uns gestreckt halten könnten.

Der Mensch ist grundsätzlich auf Faulheit ausgerichtet. Das heißt: Wann immer wir Energie sparen können, machen wir das auch. Damit blieben vor Urzeiten mehr Reserven für den Überlebenskampf übrig. Einen Gutteil unserer Energie verbrauchen wir immerhin einfach nur dafür, gegen die Erdanziehung anzukämpfen. Charles Darwin schon hat beschrieben, dass sich der Effektivere durchsetzt. Für uns Menschen bedeutet das: Demjenigen, der für das bloße Stehen am wenigsten Energie verpulvert, steht mehr Energie für Nahrungssuche, Selbstverteidigung, Fortpflanzung zur Verfügung.

Zwei Arten von Muskeln – Selbstversuch, die Zweite

Stehen Sie mal auf. Jetzt! Wenn Sie so herumstehen, werden Sie die Kraft bemerken, der Sie ständig entgegenarbeiten müssen. (Übrigens: Glauben Sie, ich weiß nicht, dass Sie immer noch sitzen?)

Überlegen Sie einmal, welcher Teil Ihres stehenden Körpers die meiste Arbeit gegen die Schwerkraft leistet. Die meisten werden prompt antworten: die Muskeln. Das ist falsch. Den größten Anteil übernimmt unser Skelett. Unser Skelett ist ideal gegen die Schwerkraft konstruiert, denn es ist so aufgebaut, dass der größte Teil der Energie, die uns nach unten zieht, über die Knochen und Gelenke nach unten abgeleitet wird.

Das ist effektiv, denn so verbrauchen unsere Energiefresser, die Muskeln, nur wenig Kraft für den aufrechten Stand. Und Sie sparen Ihre Power für Bewegung auf. Ein Umstand, der ausschlaggebend für unsere Entwicklung gewesen ist, denn wenn der Urzeitmensch allein beim Herumlungern zu viel Energie verbrannt hätte, wäre er gegenüber anderen Lebewesen im entscheidenden Nachteil gewesen.

Es war also entscheidend, den Energiesparmodus fahren zu können. Andernfalls wäre er darauf angewiesen gewesen, ständig Energiezufuhr, also Nahrung, zu beschaffen. Was wiederum noch mehr Energie verbraucht hätte. Die Situation wäre dann nur zu retten gewesen, wenn der Mensch so groß und stark gewesen wäre, dass er keine natürlichen Feinde gehabt hätte. Da wir allerdings ständig mit Lebewesen zu tun hatten, die uns gern als Mittagsteller gehabt hätten, wäre dieses unproduktive Energieverbrennen das klare Urteil zum Aussterben der Art Mensch gewesen.

Während Sie immer noch hier herumstehen, werden Sie auch bemerken: Sie benötigen schon ein paar Muskeln, um stehen zu bleiben. Aber gar nicht so viele, wie wir meinen. Fassen Sie mal einer aufrecht stehenden Person an die Unterschenkel. Sie werden merken, dass der Unterschenkel beim Stehen ständig angespannt ist. Und doch ermüdet dieser Muskel nicht sehr schnell, denn er ist hoch spezialisiert darauf, uns am Stehen zu halten. Probieren Sie aber jetzt einmal, Ihren Fußballen anzuheben und ihn nach oben, Richtung Knie, zu ziehen. Ziehen Sie wirklich kräftig aufwärts und halten Sie diese Position für 30 Sekunden. Sehr schnell werden Sie Ihren Muskel vorne am Unterschenkel (*tibialis anterior*) jammern spüren, weil diese Arbeit für ihn sehr anstrengend ist. Und nun in die andere Richtung: Drücken Sie Ihren Fußballen so weit nach unten wie möglich. So, als ob Sie das Gaspedal kräftig durchdrücken würden. Sie werden spüren, dass der hintere Unterschenkelmuskel (*gastrocnemius*) seine Aufgabe viel leichter erledigen kann als der vordere.

Die beiden Muskeln haben unterschiedliche Aufgaben. Ihre jeweiligen Fasern sind spezialisiert. Denn wir haben zwei Arten von Muskeln: haltende und Bewegungsmuskeln. Und beide brauchen wir für eine attraktive Körperhaltung.

Warum hat der Mensch sich durchgesetzt?

Lassen Sie uns in der Evolution ein wenig zurückschauen. Da werden wir etwas Entscheidendes entdecken. Warum nämlich einige indigene Völker, die ihre Lasten auf dem Kopf tragen, so aufrecht gehen und es übrigens genau diese Bewegungsart ist, die wir auch bei Models so attraktiv finden. Wir müssen genau zu dem Zeitpunkt zurückspringen, an dem wir Menschen uns von unseren Vorfahren abgekoppelt und eine eigene Richtung in der Evolution eingeschlagen haben. Was war eigentlich der entscheidendste Kniff der Natur, den wir uns zunutze gemacht haben, um uns weiter zu entwickeln als alle anderen Lebewesen? Anders gefragt: Was war der Startschuss, um uns deutlich von den anderen Arten zu unterscheiden? Und was genau war es, das uns in erster Linie erfolgreich hat werden lassen?

Die Intelligenz, meinen Sie? Bitte, überschätzen Sie uns nicht. Wenns danach ginge, müssten einige von uns noch auf Knien herumrutschen.

Stärke? Hören Sie auf! Denken Sie doch nur an einen Grizzly! Die Schnelligkeit? Ganz sicher, Sie Gepard, Sie.

Wie die Aufrichtung geschah

Dreimal nein – es ist viel simpler. Wir haben uns durchgesetzt, weil wir einen naheliegenden Trick angewandt haben: Wir haben uns aufgerichtet. Das hat uns einen kleinen und doch entscheidenden Vorteil verschafft: Wir konnten weiter blicken! Und hatten damit die Möglichkeit, Gefahren, Unterschlüpfe und Nahrungsquellen aus weiter Entfernung zu erkennen. Bevor sich also einer unserer weiter vorn genannten Mitbewerber in unserer Halsschlagader wichtigmachen konnte, haben wir ihn ganz einfach früh genug erspäht. Was uns einen Vorsprung bei der Flucht verschaffte. Wir konnten rechtzeitig weglaufen, uns verstecken und kampfbereit machen. Ein entscheidender Grund, warum wir nicht von stärkeren und schnelleren Tieren ausgerottet worden sind und uns weiter entwickeln konnten.

Die Intelligenz als Unterscheidungsmerkmal spielte erst später eine Rolle. Zumindest bei den meisten …

Aber dieses Aufrichten ist nicht so mir nichts, dir nichts vonstattengegangen. Es hat Hunderttausende Jahre gedauert, bis wir dazu fähig waren. Und diese Entwicklung ist nicht abgeschlossen, sondern der menschliche Körper verändert seine Haltung weiterhin und wird es auch in Zukunft tun. Große Veränderungen, vor allem *in* unserem Körper, waren notwendig.

Unser Körperbau – und auch unsere Bewegungsabläufe – unterscheiden sich von Vierbeinern. Logo. Selbst wenn Sie sich auf alle Viere begeben, sieht das anders aus als bei einem vierbeinigen Säugetier. Ja, sogar anders als beim Affen.

Haltende und Bewegungsmuskeln

Nehmen wir zum Beispiel ein Pferd. Schauen Sie von der Seite mal auf den Unterschied zwischen Pferd und

Mensch. Er ist offensichtlich: Der Vierfußstand und der Zweifußstand unterliegen statisch gesehen unterschiedlichen Notwendigkeiten. Vor allem der menschliche Beckenbereich ist anders geformt. Das Hüftgelenk ist der »Drehpunkt«, hier hat sich unsere obere Hälfte im wahrsten Sinne des Wortes nach oben gedreht. Wenn wir ergründen, was sich vom Pferd zum Menschen entwicklungsgeschichtlich (*phylogenetisch*) verändert hat, fällt sofort dieser Drehpunkt ins Auge. Der Winkel zwischen Beinen und Rumpf ist beim Pferd eindeutig enger. Die Schwerkraft würde diesen Winkel gern verflachen. Er muss also in dieser Position gehalten werden, sonst kracht uns der Gaul dauernd mit dem Bauch auf den Boden. Ein massiver Muskel verhindert das. Dieser Muskel (eigentlich eine vierköpfige Muskelgruppe, ein Quadrizeps), der Lendendarmbeinmuskel (*Musculus iliopsoas*), der vom Rücken des Tiers bis an seinen Oberschenkel verläuft, hält das Pferd am Stehen. (Natürlich nicht nur der, aber er ist der stärkste.) Er verhindert, dass das Pferd nach vorne wegkippt, er *hält* das Pferd am Stehen. Er ist ein *haltender Muskel*, wie der tschechische Neurologe Vladimir Janda ihn benannte.

Haltende Muskeln

Diese haltenden oder auch »tonisch« genannten Muskeln besitzen Vierbeiner natürlich nicht nur im Beckenbereich. Vereinfacht(!) gesagt: Alle Skelettverbindungen, die zum Vierfußstand nötig sind, sind mit haltenden Muskeln verbunden. Würden diese Muskeln nicht halten – also ihre Arbeit nicht leisten –, würde die Schwerkraft jedes Lebewesen auf vier Beinen schnell auf den Boden holen. Darum besitzen alle Säugetiere mit einer Körperform, die der Schwerkraft ständig entgegenarbeiten muss, haltende

Muskeln. Diese Muskeln sind entwicklungsgeschichtlich sehr alt. Auch wir Menschen haben diese Art von Muskeln. Denken Sie zum Beispiel an den angespannten Unterschenkelmuskel beim Stehen. (Sehen Sie: Hätten Sie vorhin doch besser mitgemacht!)

Mehrwissen für Neugierige

Ich füttere Sie noch ein wenig mit Hintergrundwissen, das wir gleich brauchen werden:

Diese haltenden Muskeln haben die Eigenschaft, sehr schnell auf Reize anzusprechen. Das heißt, schon ein kleiner Impuls reicht aus und sie werden aktiviert. Also arbeiten sie bei jedem Bewegungsablauf und werden damit entsprechend oft trainiert. Beste Voraussetzung, um zu wachsen und sich zu kräftigen. Ein haltender Muskel hat ohnehin die Eigenschaft, *leicht zu wachsen*. Haben wir alle etwa ein wenig Schwarzenegger in uns?!

Eine weitere Eigenschaft des haltenden Muskels ist, dass er verhältnismäßig *wenig Sauerstoff* benötigt. Er ist also beim Arbeiten recht genügsam und ermüdet weniger schnell. Er verbraucht sogar so wenig Energie, dass er selbst in Aktivität bisweilen Erholung zulässt. Die besten Voraussetzungen für einen echten Beeindruckermucki.

Und ein letztes Wissensbit: Bei Inaktivität *atrophiert* dieser Muskeltypus. Das heißt, er bildet sich zurück und verkürzt sich. Ein verletztes Tier pumpt auf diese Weise nicht unnötige Energie in den Muskel, wenn der momentan nicht gebraucht wird. Diese *Verkürzung* ist für die Körpersprache entscheidend – wie wir sehen werden ...

Erinnern Sie sich? Der Lendendarmbeinmuskel, dessen Muskelfasern mehrheitlich tonisch sind, *hält* das Hüftgelenk im Winkel.

Aber wenn diese Muskelfasern solche Wunderwutzis sind, kommt doch gar nichts gegen sie an! Und wenn dann noch der *iliopsoas* der stärkste unter den haltenden ist, wie hat sich das Hüftgelenk dann je strecken und wir uns somit aufrichten können?

Hätte es tatsächlich nicht. Wenn, ja, wenn nicht ...

Bewegungsmuskeln

... wenn der Muskel nicht einen *Gegenspieler* bekommen hätte. Und das kann kein haltender Muskel gewesen sein. Denn ein solcher auf der Gegenseite des Hüftbeugers hätte das Gelenk von beiden Seiten gesperrt:

Nie wäre so ein Strecken des Hüftgelenks möglich gewesen. Es muss sich also um einen anderen Muskeltypus gehandelt haben. Um einen, der den tonischen Muskel dazu gebracht hat, sich über das eigentliche Maß hinaus zu dehnen. Dieser Muskel musste vehement sein. Denn so einfach lässt sich eine tonische Muskelfaser nicht von ihrem gewohnten Arbeitsbereich ablenken. Die Muskelfaser, die das – über Jahrtausende hinweg – vollbracht hat, ist die *bewegungsdynamische* oder *phasische Muskelfaser* (abermals nach Janda).

Mehrwissen für Neugierige

Können Sie noch? Unterm Mikroskop sind die haltende und die phasische Faser eindeutig voneinander zu unterscheiden. Die roten, haltenden Muskelfasern enthalten mehr Myoglobin, zeigen weniger erkennbare Querstreifen und reagieren langsam. Sie haben eine längere Latenzzeit als die weißen und dynamischen Bewegungsmuskelfasern. Sie brauchen nach einer Kontraktion also länger, um sich für die nächste Kontraktion bereit zu machen. Die haltenden Muskeln sind demnach nicht so flink wie die phasischen. (Das ist noch wichtiger für die Körpersprache, wie Sie gleich sehen werden.)

Allerdings wachen die Bewegungsmuskeln nicht so schnell auf. Während der tonische Muskel also schon längst malocht und damit sich selbst trainiert, liegt der phasische noch auf der faulen Haut. Es braucht stärkere Impulse, damit der gnädige Herr Bewegungsmuskel aktiv wird. Das heißt, Sie als Mensch brauchen stärkere Reize, um aktiv zu werden. Dann verbraucht dieser Hundling auch noch acht- bis zehnmal so viel Sauerstoff wie ein haltender Muskel! Acht- bis zehnmal!! Das ist, als würde Ihr Auto nicht sechs, sondern 60 Liter verbrauchen! Und beleidigt ist der Typ(us) auch schnell. Wird er nicht dauernd aktiviert, verabschiedet er sich schnell. Er baut sich selbst einfach ab, wenn Sie sich nicht um ihn kümmern. Das heißt, geben Sie ihm nicht genug Arbeit, baut er ab. Sie denken jetzt: »Was macht dieser Parasit in meinem Körper? Schmeißt den Schmarotzer raus!« Viele von uns haben das im Laufe ihres Lebens teilweise schon getan. Deswegen haben sie heute allerdings ein Körpersprache-problem. Später mehr dazu.

Übrigens: Beim Menschen befinden sich in jedem Muskel *beide* Muskelfasern – also haltende und phasische. Kein Muskel ist also zur Gänze tonisch oder phasisch. Es überwiegt aber eine Faserart, die die Eigenschaft des Muskels bestimmt. So lässt sich unsere ganze Muskulatur in eine mehr oder minder tonische, phasische oder sich neutral verhaltende einteilen.

1. Die tonischen Muskeln führen haltende Aufgaben durch.
2. Die phasischen Muskeln sind für schnelle, flexible Bewegungen zuständig.

Ihnen, den phasischen Muskeln, haben wir einiges zu verdanken. Nämlich die Kleinigkeit, dass es uns heute überhaupt noch gibt. Ohne sie hätten wir uns nie aufrichten und unseren entscheidenden Evolutionsschritt gehen können. Während der tonische *iliopsoas* also schon immer das Hüftgelenk zusammenhielt, gab sein phasisches Gegenüber, schlicht gesagt der Hintern, ständig

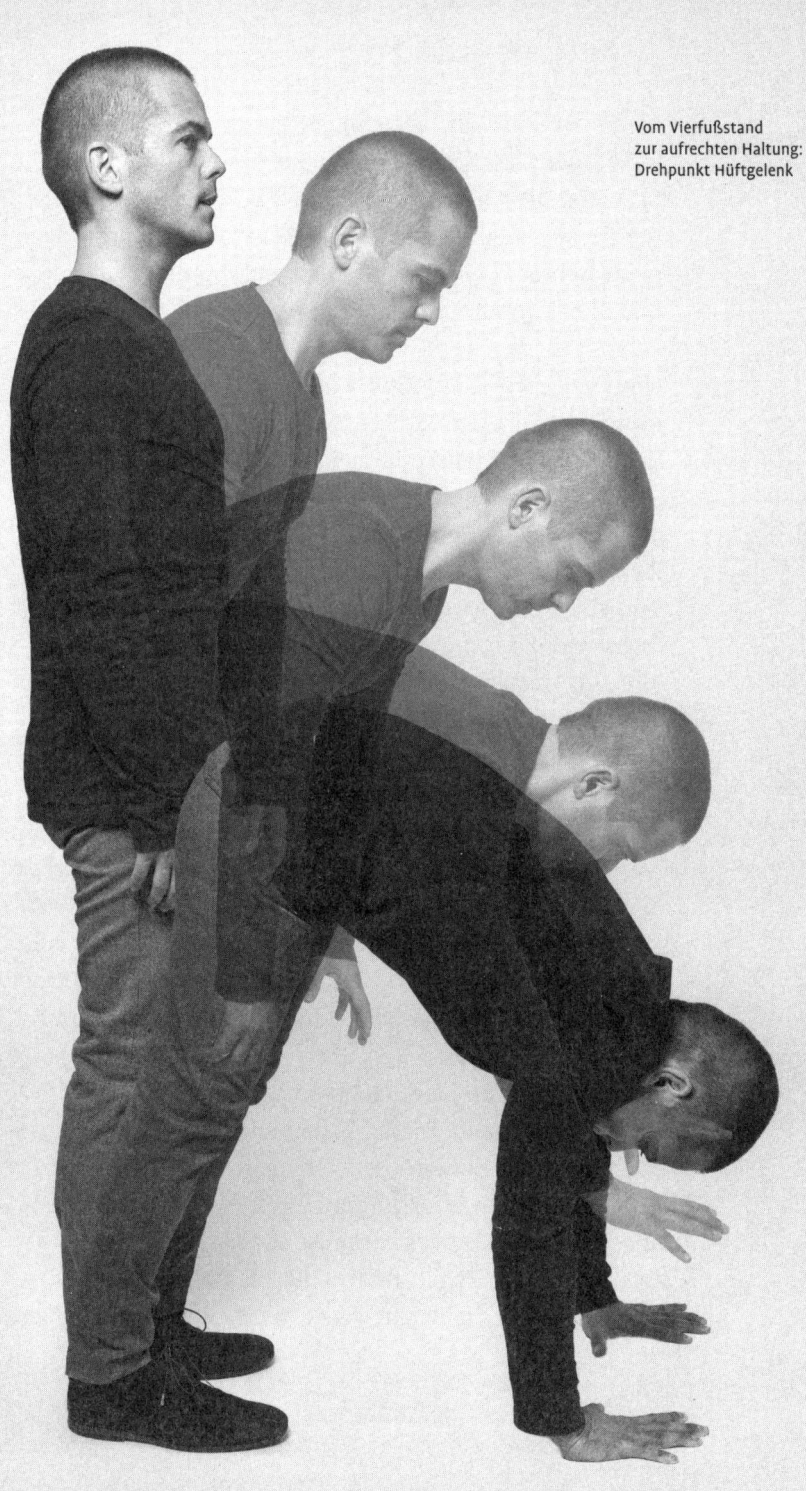

kleine Impulse ab. Vereinfacht gesagt: Über lange Zeit führte der Gesäßmuskel schnelle Kontraktionen durch. So viele, dass der tonische Muskel schleichend länger wurde. So lang, dass sich das Becken irgendwann nach oben richtete. Die Grundvoraussetzung dafür, dass wir uns überhaupt aufrichten konnten.

Und weil diese Haltung evolutionstechnisch so gewinnbringend war, hat Mutter Natur die aufrechte Körperhaltung beim Menschen gleich als Standard eingeführt.

Und so ist der Mensch dabei geblieben, es unheimlich lässig zu finden, weit sehen zu können. Oder warum kraxeln Sie im Urlaub auf jeden Kirchturm? Ganz einfach, weil es ein gutes Gefühl ist, die Prärie zu überblicken. Deswegen zahlen Sie für ein Penthouse auch mehr Miete als der Bodenlurch von Nummer 2 im Souterrain. Und damit Sie verstehen, dass wir hier von einem evolutionären Gewaltakt sprechen: Die Evolution musste schon den stärksten Gegenspieler aufbieten, um das Hüftgelenk zu drehen. Den *gluteus maximus*: den großen Gesäßmuskel.

Das ist der, auf dem Sie gerade sitzen. Er ist auch heute noch der stärkste Muskel im menschlichen Körper. Und ist trotzdem zum körpersprachlichen Scheitern verurteilt. Dazu gleich mehr.

Die tonische oder auch haltende Muskulatur hält Tiere im Vierfußstand. Diese Muskeln haben auch wir heute noch. Und sie ziehen uns in manchen Situationen und Lebensphasen wieder in den Vierfußstand zurück. Die phasische oder Bewegungsmuskulatur hat unsere Aufrichtung in den Zweifußstand erst möglich gemacht. Erst durch das Gleichgewicht von tonischer und phasischer

Die aufrechte Haltung machte
uns zu Gewinnern der Evolution

Muskulatur im Becken war dem Menschen die Aufrichtung möglich.

»Hey, Körperspracheoberkluger, sind Sie nicht ein wenig abgeschweift? Das ist doch kein Anatomiebuch! Was hat das alles mit Körpersprache zu tun?«, werden Sie spätestens jetzt denken. Alles! Weil es nämlich die Basis ist für eine *gewinnende Körpersprache*.

Die tonischen Muskeln sind nicht unser Problem. Die sind ohnehin leicht zu trainieren (wenn Sie aufmerksam den optionalen Textteil gelesen haben, wissen Sie das).

Die Jungs im Fitnesscenter trainieren üblicherweise was? Genau: Bizeps, Brust und Co. Auf alle Fälle meist die Muskeln, bei denen man schnell Ergebnisse sieht. Und das sind nahezu immer die tonischen Muskelfasern. Das sind aber auch die, die uns in den Vierfußstand zurückziehen: die Brustmuskeln, Hüftbeuger … sie sind Ursache für Buckel und gebeugte Haltung!

Attraktive Körperhaltung

Das Ideal ist also, unsere phasischen Muskelfasern zu trainieren. Jene Muskeln, die uns aufrichten. Erst damit erreichen wir die attraktive Körperhaltung, die wir noch von einigen indigenen Völkern kennen und die uns fasziniert. Nicht die aufgeblasene Sylvester-Stallone-Figur ist das Ziel (die oft mehr an einen Primaten erinnert). Nein, es ist die Körperhaltung jener Menschen, die noch im Einklang mit und in der Natur leben. Denn von ihr wird unser Körper auf vielfältige Weise gefordert, haltende und phasische Muskeln gleichermaßen. Noch vor etwa 100 Jahren war das bei uns allen der Fall. Vor den absolut ebenen Böden. Um nicht dauernd zu stolpern, mussten wir die Füße noch heben beim Gehen. Schlurfen war da gar nicht möglich. Wir mussten Stufen steigen, die nicht computergenau angeglichen waren, sondern ungenau und holprig. Wir mussten demnach ständig sehr feinteilige Bewegungen aufeinander abstimmen. Heute können wir beinahe achtlos herumlatschen – und fallen doch nicht auf die Pfeife. Und schweres Zeugs bringt uns der DHL-Mann. Früher mussten wir noch alles selbst tragen. Ein ideal aufgerichteter Körper war einfach ein Muss zum Überleben. Müssten Sie noch heute regelmäßig viel und schwer tragen, auch Sie würden vermutlich den Transport von Waren auf dem Kopf in Erwägung ziehen. (Dann hätte Ihre Gucci-Tasche aber auch einen Kinngurt.)

Leider haben wir mit unserer westlichen, hoch entwickelten Lebensart nur mehr wenig Bedarf an vielfältiger Bewegung. Meist ist eine einzige Körperhaltung gefragt und das ist: *Sitzen*. Am Morgen, nach acht Stunden Schlaf, stehen Sie auf. Aber nur kurz. Zur Erholung nehmen Sie Ihr Frühstück im *Sitzen* ein. Dann kurz auf und ins Bad, waschen und Zähneputzen. Auf dem Klo wieder *sitzen* (auch das war nicht immer so). Dann ins Auto oder in den Bus. Und dort wieder um einen Platz kämpfen, um wieder zu *sitzen*. Im Büro acht Stunden *sitzen*. Am Abend nach Hause fahren, natürlich wieder im *Sitzen*. Essen, Zeitung lesen im *Sitzen*. Und zur Entspannung am Abend vor dem Fernseher zwei Stunden *sitzen*.

Schon in der Schule lernen wir unsere bevorzugte Körperhaltung kennen. Hier kommt es darauf an, fünf bis sechs Stunden zu sitzen. Wozu man Kleinkinder wirklich mit viel Nachdruck bringen muss. Denn freiwillig tut der Mensch an sich das nicht! Aber das Hirn sagt sich sehr schnell: »Ach, der Alte braucht den riesengroßen Gesäßmuskel nicht mehr zum aufrechten Stehen? Ja, bin ich denn blöd? Wenn der ihn nicht mehr braucht, buttern wir auch keine Energie mehr rein.« Und so atrophiert dieser Muskel. Hatten wir nicht vorhin festgestellt, dass der Gegenspieler zum Gesäßmuskel, der Hüftbeuger, stärker und noch dazu leichter trainierbar ist? Auch er verkürzt sich bei Inaktivität. Im Sitzen ist der Lendendarmbeinmuskel also immer verkürzt. Und der Gesäßmuskel wird durch Nichtbenutzung schwach, sodass beim Stehen der Hüftbeuger den unteren Teil der Wirbelsäule und den oberen Teil der Oberschenkel zusammenzieht. Damit kippt das Becken nach hinten. Folge: Der Oberkörper fällt nach vorne. Damit der Körper nicht nach vorne wegkippt, korrigieren wir direkt oberhalb des Beckens die Haltung, indem wir den Oberkörper nach hinten kippen, um wieder aufrecht zu stehen. Da wir nun wiederum nach hinten kippen würden, müssen wir den Kopf vorstrecken, um irgendwie im Gleichgewicht zu bleiben.

Resultat ist eine stark schlangenlinienförmige Wirbelsäule, die statisch äußerst instabil ist. Körpersprachlich ist diese Haltung alles andere als attraktiv.

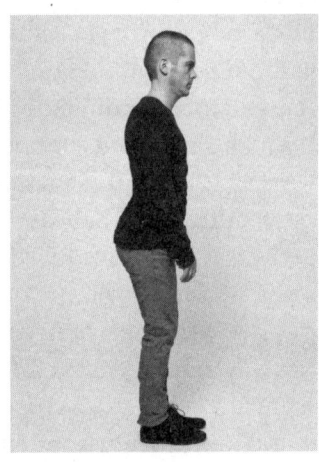

Die aufrechte Haltung lässt uns viel weiter blicken

»Ich habe Rücken!« – kein Wunder, bei der Haltung

Ich habe Rücken ... Aus dieser Fehlhaltung resultiert übrigens eine der sich am schnellsten ausbreitenden Volkskrankheiten: Rückenbeschwerden, wie zum Beispiel der Bandscheibenvorfall. Dabei liegen die Bandscheiben, die eigentlich relativ gleichmäßig die Wucht des eigenen Gewichtes abfedern, nicht mehr mit der ganzen Fläche, sondern nur mehr auf einer Kante auf. Man hat lange Zeit angenommen, dass Menschen, die viel und schwer körperlich arbeiten, garantiert früher oder später Rückenprobleme bekommen. Was aber viel mehr zu beobachten ist: dass besonders die Menschen, die ständig sitzen, vermehrt unter »Rücken« leiden. Nicht die viele Bewegung ist Ursache für Rückenbeschwerden (außer vielleicht viele falsche Bewegungen). Nein, das Gegenteil: Zu wenig Bewegung lässt durch einseitige Verkürzung der Muskeln das Becken und die Wirbelsäule so ungünstig dastehen, dass schon bei kleinsten Belastungen grobe Probleme auftreten.

Was wir für eine gewinnende Haltung also tun müssen, ist, unseren Körper wieder so zu benutzen, wie es ursprünglich von Mutter Natur gemeint war. Und das bedeutet: möglichst *vielfältige Bewegungen* auszuführen. Der Linzer Mediziner Klaus Schuller nennt sie konsequenterweise die *phasischen Bewegungen*.

Gut geeignet sind Ballspiele, Tanzen, Balanceübungen ... Beim Volleyballspielen beispielsweise müssen Sie ständig bereit sein, weil der Ball überallhin springen kann, beim Tanzen wechseln ständig die Schritte und bei Übungen für die Balance werden besonders jene kleinen, flinken Muskelfasern gefördert, die blitzschnell reagieren, wenn der Körper aus dem Gleichgewicht gerät.

Vielleicht haben Sie es bemerkt: All diesen Übungen ist gemein, dass die dabei erforderlichen Bewegungsmuster nicht vorhersehbar sind. Damit ist der Körper aufgefordert, genau das zu tun, was er eigentlich so gut kann: hellwach sein nämlich. Immer bereit, unvorhersehbare Bewegungen auszuführen. Bei all diesen Tätigkeiten ist es schlicht nicht möglich, abzuschalten und in ein routiniertes Bewegungsmuster zu verfallen. Und genau damit fördern wir die phasischen Muskeln. Genau die, die uns seit Urzeiten haben hellwach sein lassen.

Vergleichen Sie diese Art von Bewegung einmal mit denen eines Marathonläufers oder eines Radrennfahrers! Sie werden sehr schnell den Unterschied erkennen: Die wirken eher wie in Trance, nicht sehr wach und aktiv. Denn: Nur Bewegungen, die nicht vorhersehbar sind, trainieren unsere Wachheit. Phasische Übungen erkennen Sie übrigens an einer Daumenregel: Es sind Bewegungen, die Ihnen *Spaß* machen und bei denen Sie vermehrt lachen. In der Schule hat es vielen von uns Spaß gemacht, Völkerball, Volleyball oder Erlebnisspiele zu spielen. Wissen Sie noch, wie die Sportlehrer die Turnhalle zu einem riesengroßen Erlebnisparcours umgebaut haben? Medizinbälle, Seile, Reck, Ringe – untendurch kriechen, obendrüber steigen, klettern, Ball in ein Ziel werfen … und wehe, der Turnlehrer verkündete zu Beginn der Sportstunde: »Heute machen wir einen Dauerlauf.« Da war das Jammern vorprogrammiert. Sich phasisch zu bewegen heißt also, Spaß zu haben – und Spaß zu vermitteln.

Und diese flexiblen Bewegungen sind auch die, wofür unser Körper eigentlich gebaut ist. Auch im Urwald mussten wir schließlich die unterschiedlichsten Bewegungen ausführen. Mit einförmigen Bewegungen wären wir durch Savanne, Wald oder Berge nicht weit gekommen. Denn damals waren nur die allerwenigsten Wege asphaltiert …

———— *Einförmigkeit ist unnatürlich.*

Hellwache Körpersprache wie ein Kind

Je mehr wir zulassen, dass unsere phasischen Muskelfasern abnehmen, desto weniger stehen uns flinke, schnelle Bewegungen nur Verfügung. Die sind es aber, die wir für eine gewinnende Körpersprache benötigen und zurückgewinnen müssen. Es geht nicht um große oder kleine Bewegungen. Es geht darum, *hellwach* zu sein. Spontanes Reagieren auf Mitmenschen vermittelt diesen viel mehr Nähe. Ein erstauntes Aufreißen der Augen, wenn jemand ein spannendes Thema anspricht, vermittelt dieser Person weit mehr Interesse als ein abgeklärter, immer gleichförmiger Blick. Ein plötzliches Lächeln, wenn jemand den Raum betritt, vermittelt mehr Willkommensfreude als ein zögerliches Gehabe. Wenn der Kollege im Meeting das Wort erheben will, zeigen Sie mehr Wachheit, indem Sie sich rasch zu ihm hinwenden und nicht erst dann, wenn er schon den ersten Satz gesprochen hat. Für jede Führungskraft ist entscheidend, ihr Rudel im Blick zu haben und schnell die Stimmung der Gruppe zu erspüren. Blick und Kopf müssen ständig »hellwach« sein. Der Chef muss erkennen, ob sich die Mannschaft überhaupt noch für ein angesprochenes Thema interessiert oder ob die Mehrheit schon SMS liest oder tagträumt. Für all das sind phasische Bewegungen notwendig.

Schauen Sie sich Kinder an! Die sind ständig hellwach. Ihr phasischer Muskelanteil ist noch sehr hoch. Er muss es sein, denn für sie ist jede Situation neu und sie müssen hellwach sein, um schnell reagieren zu können. Schon im Laufe der ersten Jahre beginnen sie, Routinen einzubauen, um ihre Bewegungen zu ökonomisieren. Sie bauen phasische Muskelfasern in tonische um. Schließlich verbrauchen die phasischen ja zehnmal so viel Energie wie die haltenden. Der Prozess dauert an, bis diese Kinder im Erwachsenenalter irgendwann wie selbstverständlich zehn Stunden am Tag sitzen können, ohne viele Bewegungen auszuführen. Die Folge ist, dass damit ihre »Hellwachheit« verloren geht und wir nur mehr wenig Verschmitztes, Neugieriges, Kindhaftes in den meisten Erwachsenen erkennen können.

——— *Alter ist keine Jahreszahl, Alter ist Frequenzverlust.*

Ein Körper ohne Bewegung ist unattraktiv

Die Einschränkung der Bewegungsmöglichkeiten minimiert auch unsere Reaktion auf andere Menschen. Wir versuchen so oft, cool und undurchschaubar zu wirken. Manche wollen sogar ein Pokerface erlernen, damit das Gegenüber nur ja nie mitbekommt, was in uns eigentlich vorgeht. Die Folge aber ist, dass andere Menschen schwerlich Zugang zu Ihnen finden werden, weil sie Sie, mangels spontaner Regungen, nicht einzuschätzen wissen (Sie kennen den Satz: »Bei dem weiß ich nie, woran ich bin.«). Ist uns eigentlich klar, wie unattraktiv wir damit auf andere wirken?

Den größten Auftrieb erfährt diese Hemmung der phasischen Bewegung übrigens in der Pubertät. Genau in dem Alter, in dem wir uns von der Kindheit verabschieden *wollen*. Deswegen versuchen wir auch mit allen Mitteln, in diesem Alter erwachsener und perfekter zu wirken, als es ein Erwachsener je sein kann. Und verlieren dabei so viel von unserer kindlichen Wachheit, phasischen Spontanität – die wir aber doch alle paradoxerweise als so attraktiv empfinden! *Gerade* im Erwachsenenalter. Merken Sie sich: Die attraktivsten Menschen unter uns haben sich immer einiges an phasischer Muskelaktivität erhalten.

Für eine gewinnende Körperhaltung reicht es nicht aus, die eine oder andere interessante Gestik oder Mimik zu machen.

Gewinnende Körpersprache heißt, hellwach zu sein.

Das ist nur möglich, wenn wir ein Gleichgewicht zwischen tonischer und phasischer Muskulatur beibehalten beziehungsweise es uns zurückerobern.

11

AN MEINEN BAUM PINKLE NUR ICH
oder *Ein großes Revier vermittelt Sicherheit*

>> *Puh, ist der Saal voll. Scheint wirklich ein Blockbuster zu sein. Ich sitze Mitte/Mitte. Bestes Bild, bester Sound. Kaum sitze ich am Platz, bemerke ich den Typen neben mir. Nicht, weil er mit mir spricht – ich* spüre *ihn. Genauer: seinen Ellbogen. Es ist ja nur fair, dass die halbe Armlehne mir gehört. Dafür brauchen wir jetzt wohl keinen Landschaftsvermesser. Menschen mit ein bisschen Feingefühl respektieren das. Der nicht!*

Na gut, der Klügere gibt nach … Zugegeben, ich bin vielleicht nicht der Klügere, ich habe ganz einfach keine Chance. Denn der breitet sich einfach so selbstverständlich aus, dass ich Mühe habe, meinen Platz zu verteidigen, ohne einen Aufstand zu machen. Und der rechts neben mir mampft sein Popcorn. Geht das bitte auch leiser? Und trinkt Bier. Muss das sein? Ich will ja nicht spießig sein, aber das gehört doch eher in eine Bar.

Lesen Sie mehr in
Kapitel 2

Gott sei Dank, der Film beginnt. Das wird mich auf andere Gedanken bringen. Häh?!? Spinn ich? Der stellt seinen leeren Becher doch tatsächlich vor das Bein meines Sitzes. Zwar nicht weit, aber doch eindeutig in meinen Bereich. Und die Armlehne belegt er auch. Jetzt habe ich gar keine Lehne mehr für mich! Eines weiß ich schon: Dieser Film wird grottenschlecht! <<

Ertappt? Das mit der Armlehne nervt ja nicht nur im Kino. Ich fliege viel und da sammelt man auch so seine Erfahrungen – dazu später mehr …

Die meisten von Ihnen haben sicher schon die eine oder andere Situation dieser Art erlebt, die uns so richtig zur Weißglut bringt. Was sie alle gemeinsam haben: Unser Territorium wurde verletzt.

Sobald es um *unseren* Raum geht, werden wir irrational aggressiv – eine der rudimentärsten körpersprachlichen Regungen, die wir nur mit viel Selbstkontrolle und vor allem Übung in Schach halten können.

Herr und Knecht

Aber der Reihe nach: Der Mensch ist eines der sozialsten Wesen auf diesem Planeten. Grundsätzlich funktioniert unser Erfolgsmodell in der Gemeinschaft. Allein zu leben ist nichts für uns. Wir sind sehr geschickt darin, das soziale System herzustellen. Sobald wir einer anderen Person begegnen, starten wir blitzschnell ein Programm, das sich nur darum dreht, uns gegenseitig einzuordnen.

Wie im Kapitel »Pitbulls und so« beschrieben, ist vor allem unser Mittelhirn mit der sozialen Einstufung unseres Gegenübers beschäftigt. Sie erinnern sich? Das ist eine der ersten Entscheidungen, die wir in Bezug auf andere Menschen treffen (gleich nach der Gefährlich/Nicht-gefährlich-Entscheidung): Steht die Person über oder unter mir oder befinden wir uns auf derselben Ebene?

Und im Augenblick der Entscheidung zeigen wir dann der ganzen Welt, zu welcher Einordnung wir uns entschlossen haben: über unser *Territorialverhalten*. Wie selbstverständlich nimmt der eine mehr Raum in Anspruch, während der andere auf diesen verzichtet. Wir sind in diesem Wechselspiel so geschickt, dass wir es selbst oft gar nicht mitbekommen. In den allermeisten Fällen ist es ein stilles Übereinkommen, mit dem beide Seiten gut leben können. Schließlich haben auch beide etwas davon.

Im Sinne von Georg Wilhelm Friedrich Hegels zentralem Motiv »Herrschaft und Knechtschaft« ist nämlich nicht haltbar, dass es nur darum geht, dass der »Gewinner« dem anderen etwas wegnimmt. Der »Knecht« ermöglicht Ersterem seine Ausbreitung nämlich erst durch sein entschiedenes Zurückstecken. Und umgekehrt: Durch kleine Signale des »Herrn« weiß der andere: Es ist Zeit, den Rückzug anzutreten. Der Dominante nimmt das unbewusst auf – und die Rollen sind eindeutig verteilt.

Das große Ziel: Überleben durch Vermehrung

Aber warum tun wir das? Was ist das evolutionäre Erfolgsmodell dahinter? Als Ausgangspunkt müssen wir dazu festhalten: Wir wollen uns *vermehren*. Dieser genetisch tief verankerte Wunsch ist schließlich der alleinige Grund, warum es uns gibt. Wie bei jedem anderen Lebewesen ist unser Daseinszweck, die Gene an die nächste Generation weiterzugeben, damit diese wiederum ihre weitervererben kann. Dem wird alles untergeordnet. Die Erhaltung der Art ist unser oberstes Ziel.

Es muss also unser größter Wunsch sein, möglichst gesunde und kräftige Nachkommen großzuziehen. So ist die Wahrscheinlichkeit schlicht am größten, dass unser Genmaterial erfolgreich weitergegeben werden kann.

Für Gesundheit und Kraft benötigen wir vor allem eins: ausreichend Nahrung und Schutz vor Feinden. Das war

nicht immer so einfach wie heute, wo es an jeder Ecke etwas zu essen gibt und die einzigen Tiger, die wir heute
noch kennen, im Zoo leben oder im Miniformat bei Ihnen
daheim und Futter aus der Dose fressen.

Aber damals, als wir um unsere Nahrung noch kämpfen
mussten, war der Zugang zu ihr entscheidend. Entscheidend
dafür, ob sich Ihr Genmaterial weitervererbt oder nicht.
Das war eine echte Lebensaufgabe.

Um Ihnen das zu verdeutlichen: Versuchen Sie mal, nur
eine Woche lang in einem Wald von dem zu leben, was
Sie da finden. Dieses Experiment wird sich sehr bald als
Hölle auf Erden erweisen. Sie werden schnell erkennen,
dass es gar nicht so leicht ist, ausreichend Nahrung zu
finden. Von Waldbeeren und Pilzen werden Sie nur
schwer satt. Vor allem deswegen nicht, weil Sie ständig in
Bewegung sein werden, um Nahrung zu suchen, und dabei viel Energie verbrennen. Mit zunehmendem Hunger
werden Sie verzweifelter suchen. Sie müssen nach ergie-
bigeren Nahrungsquellen Ausschau halten. Und so werden Sie Ihre Suche weiter ausdehnen. Sie werden größere
Kreise auf der Suche nach etwas Essbarem ziehen. Denn
je größer das Revier ist, in dem Sie suchen, desto größer
die Chance, auf mehr Nahrung zu stoßen.

Damit sind wir bei einem entscheidenden Punkt angekommen, an einem Erfolgsknackpunkt der Evolution: Je
größer das Revier, desto mehr Nahrung ist verfügbar.
Kurz gesagt:

———— *Ein großes Jagdrevier ist entscheidend für den*
Erhalt der Art.

Auch heute noch fühlen wir unser »Revier« bedroht, wenn uns jemand Raum nimmt. Weil er damit den Neandertaler in uns antriggert. Indem uns der andere auch nur scheinbar ein paar Zentimeter wegnimmt, macht er uns ein Stück unserer Überlebensressourcen streitig. Das ist auch die Erklärung dafür, dass wir auf diese Territorialverletzungen bisweilen sehr übertrieben reagieren.

Oder empfinden Sie es als gerechtfertigt, einen Kinoabend sausen zu lassen, weil der Sitznachbar seinen Becher drei Zentimeter näher zu Ihnen als zu sich gestellt hat? Mit Vernunft ist dies nur schwer zu erklären.

Und es stimmt, was Sie jetzt denken: Zum Territorialgegeiere tendieren Männer etwas mehr als Frauen. Vor allem verhalten sie sich dabei aggressiver. Meistens.

Der Kampf um die Armlehne: einatmen – ausatmen

>> *Flughafen München. Die Verspätung macht mich echt nervös. Ich soll in zweieinhalb Stunden in Berlin auf der Bühne stehen und anschließend weiter nach Wien fliegen. Endlich, 35 Minuten zu spät, beginnt das Boarding. Jetzt hoffe ich nur, dass das Einsteigen nicht wieder ewig dauert. Zum Glück geht alles reibungslos vonstatten, obwohl es wirklich viele Passagiere sind.*

Ich habe wie immer einen Gangplatz reserviert. Diesmal in Reihe 8, links. Mit dem Anschnallen warte ich immer, bis die beiden inneren Sitze belegt sind. Die Passagierschlange zieht im Schneckentempo an mir vorüber. Plötzlich bleibt eine Dame neben mir stehen, sie ist ins Gespräch vertieft mit einer anderen Dame. Sofort fährt mein Cortisolspiegel hoch. Ein wenig ärgern kann nicht schaden, beschließt mein Körper. Es sind nur Sekunden, trotzdem haben die beiden das

Vorankommen blockiert. Ihnen scheint das keine Gewissens-
bisse zu machen.

Dann geht die eine Dame weiter, die andere ruft noch
hinterher: »Och, schade, Andrea! Jetzt sitzen wir gar nicht
nebeneinander!« Die Schlange steht noch immer. »Also, bis
dann. Wir sehen uns wieder in Berlin!« Seit einer halben
Minute bestimmt die Dame neben mir nun schon den gesam-
ten Boardingablauf. Auch meine ganze Aufmerksamkeit
muss sich nach ihr richten, denn ich rechne nach wie vor
damit, dass sie in meiner Reihe Platz nehmen wird. Ich bin
also ständig auf dem Sprung aufzustehen, um sie durchzu-
lassen. Und tatsächlich: Sie deutet mit einem freundlichen
Lächeln an, dass ihr Platz der neben meinem ist. Ich stehe
also auf und mache ihr den Weg frei.

Da überlegt sie es sich noch mal anders und entschließt
sich, ihre Jacke im Gepäckfach zu verstauen. Jetzt steht nicht
nur die gesamte Passagierschlange hinter ihr, sondern auch
ich. Als sie schließlich sitzt, versucht sie sich den Blazer aus-
zuziehen. Mit ihrem Arm fuchtelt sie dabei weit in meinen
Bereich hinein. Den Blazer legt sie sich auf den Schoß. Na
ja, teilweise. Denn den Rest bekomme ich als ihr Sitznach-
bar. Nicht viel, gerade ein kleiner Zipfel des Kragens liegt
auf dem Rand meines Sitzes. Aber versuchen Sie mal, das
zu ignorieren, wenn Sie sowieso schon genervt sind!

Dann nimmt sie ihr Handy und tätigt einen sehr lauten
Anruf. Ich versuche das erste Mal in meinem Leben, nach
Zen zu meditieren. Einatmen – ausatmen.

Und dann spüre ich ihn. Bohrend und beständig – ih-
ren Blick. Also muss Buddha noch ein wenig warten. Ich
drehe mich zu ihr hin. Und blicke in ein wirklich sympa-
thisches Gesicht. Ganz freundlich, mit gesenktem Kopf und
einem Lächeln, sagt sie, dass sie die Taschentücher in ihrer
Jackentasche vergessen habe. Sie tut das auf so eine nette

und schuldbewusste Weise, dass mein genervtes Gefühl sofort verfliegt.

Also stehe ich wieder auf und lasse sie machen. Sie bedankt sich, immer noch lächelnd, bei mir und setzt sich wieder.

Nach einer sehr kurzen Weile beginnt sie, ausladend in ihrer Handtasche zu kramen. Das Handy steckt sie dazu in die Sitztasche vor sich, die Kopfhörer werden schnell um den Arm gewickelt, das Maniküreset auf dem Schoß platziert und das Tablet freudig in den Händen positioniert. All die Utensilien, die man eben so braucht für einen Interkontinentalflug von München nach Berlin.

Ihre Handtasche schiebt sie unter den Vordersitz, wobei die Henkel auf meinen Füßen zu liegen kommen. »Schnucki, das ist mein Territorium!«, denke ich mir. »Stell dir vor, ich würde hier unten auf fruchtbaren Boden stoßen ... Meine genetischen Nachkommen wollen schließlich gefüttert werden.«

Hey, sie scheint meine Gedanken gelesen zu haben, denn sie beugt sich tatsächlich hinunter. Aber nicht um meinen Ackerboden frei zu machen, sondern um ihre Sonnenbrille zu verstauen. Hallo? Zen? Ignorieren!

Jetzt beginnt sie auch noch, sich mit mir zu unterhalten. Allerdings ist sie wirklich sehr sympathisch, um nicht zu sagen einnehmend.

Natürlich hat sie das Anschnallen vergessen. »Aber gerne doch halte ich Ihr Tablet, bis der Gurt klick gemacht hat.«

Beim Start ist endlich ein wenig Ruhe. Wobei sie ihre Nägel betrachtet und an ihnen herumzupft. Und zwar in so einem Abstand, dass ich einfach nicht daran vorbeischauen kann.

Einatmen – ausatmen.

Nachdem wir die Flughöhe erreicht haben, kommt ihr die Idee, die Lehne ein wenig nach hinten zu verstellen. So zeigt sie also auch ihrem Hintermann, dass sie existiert. Als sie sich ausreichend zurückgelehnt hat, scheint ihr rechter Arm nicht mehr ganz so bequem zu liegen. Kurzerhand klappt sie die Armlehne – unsere Armlehne – nach oben. Was soll ich sagen?

Nach einigen Minuten der Ruhe, sie spielt auf ihrem Tablet herum, steckt sie es ebenfalls in die Sitztasche, löst den Gurt, steht auf, dreht sich um 180 Grad und schaut suchend nach hinten, wo irgendwo ihre Bekannte sitzt. Als sie sie erspäht hat, winkt sie so heftig hin und her, dass ich meine, Turbulenzen gespürt zu haben.

Nachdem sie sich wieder zurechtgeruckelt hat in ihrem Sitz, nimmt sie das Bordmagazin in die Hände und blättert mit großer Energie darin herum. So sehr hatte mich der Inhalt dann gar nicht interessiert, wie jetzt die rechten Seiten über meine Beine flattern.

Mittlerweile lehne ich so weit am Gang, dass mich die Flugbegleiterin im Vorbeigehen ständig anstößt. Ich entschuldige mich jedes Mal devot bei ihr.

Einatmen – ausatmen. **«**

Meine Sitznachbarin hat auf sehr subtile Weise Territorium in Anspruch genommen. Ihr Verhalten war wirklich nicht aggressiv. Sie war dabei nicht einmal unsympathisch, da sie sich mit Selbstverständlichkeit und schuldbewusst verhalten hatte. Sie lächelte die ganze Zeit über und hielt auch das ein oder andere sympathische Wort für mich bereit. Und trotzdem war sie ein sehr beherrschendes Element im Kampf um den Platz. Das Aufhalten des Einsteigprozesses, das Ausbreiten der eigenen Utensilien über die eigenen Grenzen hinaus, das zu laute Telefonieren, die zu großen Bewegungen ... all das weitete ihre Territorialgrenzen aus. Ich war regelrecht gezwungen, mich nach ihr zu richten. Und ich tat es auch. Ich hätte die Möglichkeit gehabt, die Dame zurechtzuweisen. Ihr ihre Grenzen aufzuzeigen. Gegenmaßnahmen zu ergreifen. Ich tat nichts von alldem. Stattdessen habe ich nach meinem Smartphone gegriffen, um jede einzelne ihrer Aktionen in Stichworten in mein Handy einzutippen. Vielleicht liest sie ja dieses Buch und erkennt sich wieder …

Dabei habe ich reflektiert, warum ich ihr Verhalten über mich ergehen ließ. Der schlichte Grund: dass es mir eine Stunde Flug nicht wert war, einen Konflikt zu beginnen.

Ich habe genau das gemacht, was die meisten Menschen und Tiere in Situationen dieser Art machen: Sie geben klein bei.

Ihnen gehen sicher die ganze Zeit Gedanken durch den Kopf, was Sie an meiner Stelle getan hätten, nicht? Sie haben bestimmt eine Menge Ratschläge parat. Und doch hätten die meisten von Ihnen am Ende genauso wie ich *nichts* getan. Zumindest nach außen hin. Aber innerlich hätten Sie sich geärgert.

Ich bin der Überzeugung, dass der Ärger in einer Flugstunde für alle von uns ein kleineres Übel ist als eine Grundsatzdiskussion über Jackenzipfel, Handtaschenhenkel und Winkaktionen.

Egal ob Kino oder Flugzeug: In dem Moment, in dem Sie einen Sitznachbarn haben, geht der Kampf um die Armlehne schon los. Wer darf den Arm darauflegen und wie weit? Wer gibt nach? Und solch ein Kampf kann schon mal einen durchschnittlichen Interkontinentalflug lang dauern.

Ein kleiner Insidertipp: Immer wenn Ihr Nachbar die Zeitung umblättert, blitzschnell den Ellbogen ausfahren –

wamm! Und die Lehne gehört Ihnen. Im Ernst: Im Flugzeug wähle ich nach Möglichkeit den Sitz am Gang. Da ich weiß, wie begrenzt das Territorium des Mittelsitzes ist, habe ich mit mir selbst eine Vereinbarung getroffen: Ich lehne mich auf die äußere Lehne und überlasse der Person auf dem Mittelsitz die andere Lehne.

Und kennen Sie das auch: Wie sehr es Sie nervt, wenn ein freier Mittelsitz von Ihrem Nachbarn mit seinen Utensilien belegt wird? Obwohl es auch nicht Ihr Platz ist, stört es Sie, wenn der Reihennachbar den Platz für sich beansprucht. Weil er sich unserem Territorium nähert!

Flug- und Bahngesellschaften haben dieses menschliche Bedürfnis als zusätzliche Einnahmequelle entdeckt: Sie können den Sitz neben sich ganz einfach mitbuchen.

Die Eroberung des Kaffeehaustischs

Eine Studie hat versucht, dieser Alltagssituation auf den Grund zu gehen: In einem Café wurden Kameras direkt über den Tischen installiert. Ziel war, zu erkennen, wie zwei Gesprächspartner mit dem Territorium »Kaffeehaustisch« umgehen.

Zwei Probanden saßen sich gegenüber und führten ein harmloses Gespräch. Einer von beiden wusste jedoch nicht, dass sein Gesprächspartner instruiert war. Der sollte wie zufällig stetig mehr Raum vom Tisch beanspruchen. Erst positionierte er seine Schlüssel scheinbar achtlos über die Tischmitte hinaus, dann schob er seine Tasse ebenfalls ein wenig in die Hälfte des Gegenübers, den Zucker stellte er weiter weg von sich ab.

Während manche Gesprächspartner darauf ähnlich reagiert und sich ihren Platz zurückerobert hatten, akzeptierten andere den Raumverlust scheinbar widerstandslos.

Ein überraschendes Moment in der Studie war, dass fast alle Probanden ihren Platz wie zufällig zurückeroberten, wenn der instruierte Teilnehmer – auf vereinbarte Weise – den Platz verließ, um zur Toilette zu gehen. Der Kaffee wurde nachgezuckert und der Streuer anschließend weiter auf der anderen Hälfte platziert, auch die eigene Tasse fand ihren Platz etwas über die Tischmitte hinaus und manchmal wurden sogar Gegenstände des Gesprächspartners ein wenig in seine Richtung zurückgeschoben. Es war offensichtlich: Mit dieser Gegenreaktion sollte Platz zurückerobert werden.

In der anschließenden Befragung stellte sich heraus, dass den meisten Probanden dieses territoriale Hickhack allerdings gar nicht bewusst gewesen war.

Die Eroberung des Kaffeehaustischs:
Wer besitzt mehr Territorium?

Territorium macht attraktiv

Lassen Sie uns hier einmal tief durchatmen und festhalten: Das Territorialverhalten ist eines unserer ältesten Bedürfnisse. Zum einen, weil ein großes Revier Überlebensnotwendigkeit war. Zum anderen, weil jemand mit einem großen Territorium attraktiv war für »das Rudel«, da er für ausreichend Nahrung sorgen konnte. Und für einen Geschlechtspartner ebenso, weil damit eine höhere Garantie für die Sicherheit der Nachkommen gegeben war.

Auch wenn das sehr nach Neandertaler klingt, folgen wir heute ziemlich ähnlichen Grundsätzen. Ein großes Territorium sichert zwar nicht unbedingt mehr Nahrung, denn die kommt ohnehin von Aldi ums Eck, aber es zeigt dem anderen: Schau her, ich kann mir ein großes Revier leisten! Und da Baugrund in vielen Gegenden teuer ist, ist der Rückschluss auf finanzielle Ressourcen möglich.

Tendenziell nimmt übrigens alles an Größe zu. Die Wohnungen werden im Schnitt größer. Standen in den 1960er-Jahren in Deutschland jedem Einwohner in etwa 22 Quadratmeter zur Verfügung, sind es mittlerweile um die 45. Das ist eine Wohlstandserscheinung. Und unseren Wohlstand investieren wir sehr gern in Reviervergrößerung.

Auch unser mobiles Revier, das Auto, wächst proportional zur Geldbörse.

Sobald wir ein Revier unser Eigen nennen, das Grundstück, die Wohnung, das Auto, beginnen wir, es zu verteidigen. Wehe, jemand parkt sein Auto auf Ihrem Grundstück! Oft reicht es schon, wenn jemand unsere Einfahrt nutzt, um zu wenden. Stellen Sie doch mal Ihre Schuhe neben die Wohnungstür Ihres Nachbarn anstatt vor Ihre eigene. Ich verspreche Ihnen, das gibt Ihrem

Nachbarschaftsverhältnis ganz neue Qualitäten. Überhaupt zählen Nachbarschaftsstreitigkeiten zu den großen Umsatzbringern für Rechtsanwälte.

Und unser Auto ist mindestens ebenso verteidigenswert wie unsere vier Wände. Sie werden sich bestätigt sehen, wenn Sie das Verhalten auf einem großen Kaufhausparkplatz beobachten. Da wird zuerst ein Parkplatz gesucht. Wenn einer gefunden wurde, wird er zu »meinem Parkplatz«. Es wird eingeparkt, manchmal auch ein wenig über die Begrenzungslinien hinaus. Wenn ein nachkommender Parker neben Ihnen parken will, beobachten Sie am besten aus der Deckung heraus, ob Ihrem Auto auch ja nichts passiert. Und wenn doch … klingelt beim Rechtsanwalt die Kasse.

Dem ist mit rationalen Gründen – »Es ist doch nur ein Transportmittel!« – nicht beizukommen.

Überhaupt sind wir sehr schnell dabei, ein einmal besetztes Revier als »unser Revier« zu bezeichnen. Wir legen sozusagen überall unser Handtuch hin. Und wenn das einer nicht respektiert, gibts Ärger.

Im Bus haben wir »unseren« Platz genauso wie im Kino. Der Parkplatz direkt neben dem Eingang ist unserer. Und im Hotel hatten wir doch immer »unser« Zimmer 224. Der Gast, der dieses Mal auf 224 wohnt, ist uns gleich höchst unsympathisch. Nennen Sie das rational?

Als Ihr Körperspracheexperte bin ich da natürlich ganz anders. Ich stehe über solchen Dingen.

Ach, was ich Ihnen noch erzählen wollte: Gestern war ich in meinem Lieblingsrestaurant. Und da hat der Wirt doch auf meinen Platz hinten in der Ecke, auf meinen Stammplatz, jemand anderen gesetzt. Es wird Zeit, dass ich mir ein anderes Stammlokal suche …

Mit ein wenig Selbstbeobachtung und -ironie schafft man es dann doch, über solche unlogischen Revierirrationalitäten drüberzukommen. Damit geht man in vielen Situationen übrigens viel souveräner durchs Leben.

Markieren im Alltag

Die Aufteilung des Reviers passiert in Windeseile. Beim Platznehmen ist das meiste bereits entschieden. Da wird der Stuhl forsch genommen und sich breit hingesetzt. Welcher Stuhl? Natürlich der ganz weit vorne. Damit man auch von allen gesehen wird. Die Tasche plumpst daneben auf den Boden. Auf dem Tisch werden die Unterlagen ausgebreitet und das Handy wird ganz an die obere Kante des Tischplatzes gelegt. Die Jacke wird auf die Fensterbank dahinter gelegt und danach wird quer durch den Raum geschlendert, um noch einen Kaffee zu holen. Ein Kollege hingegen betritt leise, fast im Windschatten, den Raum. Nimmt etwas weiter hinten seinen Platz ein. Die Unterlagen bleiben erst mal in der Tasche, die auch noch auf dem Schoß liegen bleibt. Die Jacke behält er vorerst an. Leise, fast unbemerkt, schält er sich erst dann aus ihr heraus, wenn die anderen ihr Revier abgesteckt haben. Sie wird über die eigene Rückenlehne gehängt, auch wenn da beim Zurücklehnen der gebügelte Kragen dran glauben muss. Auf dem Tisch wird wenig abgelegt. Nur das Nötigste. Er merkt wahrscheinlich nicht einmal, dass er nach wenigen Minuten seinem Sitznachbarn schon viel von seinem eigenen Platz überlassen hat.

Ein sicherer Stand vermittelt Kompetenz – oder eben nicht

Achten Sie beim Erstkontakt doch einmal auf Ihren Stand. Wer zu engbeinig steht, macht sich kleiner und vermittelt, dass er sich nicht traut, ausreichend Territorium in Anspruch zu nehmen. Das kann bei Ihrem Gegenüber als Unsicherheit ankommen. Andererseits werden Sie eher Sympathien ernten, da Sie niemandem etwas wegnehmen und darum als ungefährlich eingestuft werden.

Allerdings kommt auch das Gegenteil vor: Menschen, die sich zu breit machen, ohne dass ihre Kompetenz in dem Moment gefragt ist. Stellen Sie sich vor, bei Ihnen klingelt am Abend ein Versicherungsvertreter. Sie bitten ihn herein. In Ihrer Küche angekommen, stellt er sich auf: Beine breit, Füße weit nach außen gedreht, Hände in die Hüften gestemmt und Becken vorgestreckt. Und in dieser Haltung fragt er Sie: »Wo darf ich Platz nehmen?« Und Sie denken nur: »In deinem Auto, sonst nirgends.«

In *Ihrem* Territorium darf sich niemand breitmachen außer Ihnen selbst. Die äußeren, körpersprachlichen Signale des Versicherungsvertreters wirken ab jetzt so stark, dass Sie seinen Worten nur mehr gefiltert lauschen werden. Und damit wird er sich schwertun, bei Ihnen einen Auftrag abzuschließen.

Beobachten Sie auch sich selbst: Wie ist Ihre Beinhaltung? Wie wollen Sie schließlich erfahren, wie andere über Sie urteilen, wenn Sie sich Ihres eigenen Territorialverhaltens nicht bewusst sind?

Wann immer Sie Sicherheit, Kompetenz und Selbstbewusstsein ausstrahlen wollen, ist ein hüftbreiter Stand eine gute Wahl. Sie machen sich damit nicht klein. Gleichzeitig nehmen Sie auch nicht zu viel Raum in Anspruch.

Ein Stand breiter als hüftbreit ist nur in Ausnahmesituationen angebracht. Er löst beim Gegenüber zu schnell das Gefühl aus, dass Sie ihm etwas von seinem Territorium wegnehmen wollen.

Das gilt im Übrigen auch für die Beinhaltung im Sitzen. Auch im Sitzen macht man seinen Mitmenschen nämlich das Territorium streitig. Das ist Ihnen bestimmt besonders aus den öffentlichen Verkehrsmitteln vertraut.

Es ist zudem ziemlich unangenehm und unangebracht, wenn man jemandem ständig in den weit geöffneten Schritt gaffen muss.

Und, liebe Frauen, lassen Sie sich von den Männern nicht einreden, es gäbe einen »anatomischen« Grund, warum sie breitbeinig sitzen und stehen müssten. Das ist schlicht gelogen. Der breite Stand oder Sitz ist ganz einfach ein Territorial- und Potenzsignal. Es gibt schließlich auch keinen anatomischen Grund dafür, dass Frauen engbeinig sitzen und stehen. Das ist sozialisierte Gewohnheit.

Wie sehr markieren Sie also Ihre Umgebung? Haben Sie auch »Ihren« Stammplatz im Meeting? Der Garderobenhaken ist immer derselbe? Die Kaffeetasse in der Büroküche ist auch bereits markiert? Außerdem kleben auf dem Bürokühlschrank zwei Aufkleber, die sind von Ihnen. Ihr Arbeitsplatz ist sofort als der Ihre erkennbar. Fotos, Bildschirmschoner, Blumen und Schreibunterlagen ganz nach Ihren Wünschen dekoriert.

Oder wie sieht es in Ihrer Wohnung aus? Wer hat eigentlich die meisten Freiflächen für sich beansprucht? Sind alle Regale, Ablageflächen und Kästen mit Kleidung, Ziergegenständen und Dingen von Ihnen, Ihrem Partner oder den Kindern belegt? Das sagt viel über die Rollenverteilung in Ihrer Umgebung aus.

Das Territorialverhalten zeigt, wie sicher sich ein Mensch in einem bestimmten Umfeld fühlt. Je sicherer er ist, desto selbstverständlicher breitet er sich aus. Damit strahlen Sie auch mehr Selbstbewusstsein und Sicherheit auf Ihre Mitmenschen aus. Natürlich wird das von manchen übertrieben. Die fühlen sich gleich so sicher, dass sie jeden Parkplatz, gleich mehrere Stühle im Café und die linke Autobahnspur von vornherein für sich beanspruchen.

Viel Territorium gestehen wir übrigens nur denen freiwillig zu, die uns im Gegenzug Sicherheit versprechen. Der Nichtsnutz wird keine Sicherheit versprechen, auch wenn er noch so viele Bierdosen in der Wohnung verteilt …

Zu wenig Raum in Anspruch zu nehmen vermittelt keine Alphaqualitäten

Aber muss es gleich so viel Raum sein?

Interessant ist auch: Der, der sich *nicht* traut, Raum für sich in Anspruch zu nehmen, wirkt potenziell auf uns immer weniger gefährlich. Was wir sehr oft mit Sympathie verbinden. Dinge manchmal nicht ganz so direkt beim Namen zu nennen, sondern sie etwas weicher zu umschreiben, ist oft der leichtere Weg. Aber kompetenter wirkt der andere.

Territorium steht für Zugang zu Ressourcen.
Je größer das Territorium, desto mehr Ressourcen stehen (scheinbar) zur Verfügung.
Wir gestehen dem anderen dann freiwillig mehr Raum ein, wenn er uns im Gegenzug Sicherheit vermittelt.
Wenn jemand viel Revier für sich beansprucht, aber uns keine Sicherheit vermittelt beziehungsweise wir seine Sicherheit nicht brauchen, kann es zu (irrationalen) Konflikten kommen.

12

RESERVE-SCHWARZENEGGER GEGEN BRAUNBÄR

oder *Stärke suggeriert beste Überlebenschancen*

Das Territorialverhalten hängt sehr eng zusammen mit diesem wichtigen Wissensbaustein über unsere Körpersprache: Der Stärkere hat besseren Zugang zu Nahrung. Aber fangen wir von vorn an: 100 000 Jahre v. Chr.: Da war das Leben hart. Nahezu ohne Hilfsmittel mussten wir Menschen unser Überleben sichern. Wir mussten uns schützen und für Nahrung sorgen. Aber wir waren nicht allein auf weiter Flur. Überall haben Kollegen von uns den gleichen Gedanken gehabt: »Wir brauchen so viel Raum wie möglich zur Nahrungssuche.« Damit sind wir uns in die Quere gekommen. Und wenn es ganz eng wurde, haben wir uns um den Raum geprügelt. Der Stärkere hat natürlich gewonnen. Und damit war die Wahrscheinlichkeit seiner erfolgreichen Fortpflanzung höher. Ziel erreicht!

Wir Menschen haben damals ständig unsere Muskeln trainiert, indem wir gelaufen, gerannt und geklettert sind, gekämpft, gejagt und gegraben haben. Dieses notwendige und natürliche Training hat die Muskeln zum Wachsen angeregt. Doch Training allein reicht nicht aus. Zum Wachsen braucht der Muskel Energie aus Nahrung. Vor allem Eiweiß. Wenn Ihr Muskel nicht ausreichend Nährstoffe erhält, nützt alles Training nichts: Er wird über ein gewisses Maß nicht hinauswachsen.

Kraft ist attraktiv

Somit erkennt man schon allein am äußeren Erscheinungsbild, ob jemand seinen Körper mit genügend Nährstoffen versorgen kann oder nicht. Dieser Mensch ist größer, breiter und muskulöser als viele andere.

——— *Mehr Futter = größere Muckis.*

(Rennen Sie jetzt nicht gleich zum Kühlschrank! Das gilt nur, wenn Sie im Wald leben. Schon vergessen? Damit das mit dem vielen Essen funktioniert, müssen Sie den Glykogenspeicher Ihrer Muskeln durch mächtig viel Aktivität auch regelmäßig leeren. Bleibt der Speicher gefüllt, gelangt jede zusätzliche Nahrung in den Speicher um Bauch und Hüften.) Und mit diesen Riesenmuckis konnten wir schon mal einen Schwächling in die Flucht schlagen. Haben Sie überhaupt eine Ahnung, wie attraktiv Sie diese Muskeln gemacht haben? Und es noch immer tun?

Als Frau denken Sie jetzt: Für wen ist so ein Reserve-Schwarzenegger bitteschön attraktiv?

Na, zum Beispiel wenn es darum geht, Ihre Kinder heil und gesund großzuziehen und ihnen eine möglichst stabile und widerstandsfähige körperliche Basis mit auf den Weg zu geben. Und wenn Sie weiter daran denken, dass vor 100 000 Jahren der Weg zur nächsten Dönerbude verdammt weit war, dann wären Sie froh gewesen, einen Macker dabeizuhaben, der Ihnen und Ihren Kindern Säbelzahntiger, Braunbären und Spinnweben vom Leib halten konnte.

Nun können Sie dreimal überlegen, wer mehr Kraft verspricht: ein großer, breiter Mensch oder ein kleiner, schmächtiger? Und wenn dem großen, breiten Menschen auch noch das größte Revier zur Verfügung steht? Na? Alles klar!

Auch heute, etwa 180 000 Jahre nach der Entwicklung des Homo sapiens, suchen Frauen immer noch nach dieser Kraft. So bevorzugen weltweit(!) die allermeisten Frauen Männer, die größer sind als sie selbst. Kraft war eben damals ein Erfolgsgarant – und wirkt in vielen Fällen heute noch attraktiv. Wir folgen interessanterweise großen, kräftigen Menschen eher. Nicht weil die grundsätzlich klüger wären oder bessere Strategen sind. Aber ein Mensch mit einem großen Körper vermittelt uns Schutz und Versorgungssicherheit.

So sind Führungskräfte im Schnitt größer als der Durchschnitt, die meisten US-amerikanischen Präsidenten waren sehr groß. Die Durchschnittsgröße von Lehrenden nimmt zu, je höher der Grad des Abschlusses ist, der in einer Bildungseinrichtung erworben werden kann: Hochschuldozenten sind im Schnitt größer als Grundschullehrer. Auch wenn uns im Alltag bisweilen das Gegenteil auffällt – auf den Großteil trifft das zu.

In einem wissenschaftlichen Experiment sollten Probanden die Körpergröße von Menschen schätzen, die den Raum betraten. Die Probanden, denen man vorab die zusätzliche Information über deren Position gegeben hatte – Manager, Hochschulprofessor … –, schätzten die gleichen Menschen größer ein als die Teilnehmer, denen die Berufsbezeichnung unbekannt war.

Um nicht in das Männlein/Weiblein-Schema zu verfallen: Sich breit- und großzumachen ist eine Eigenschaft, mit der wir *generell* Kraft und Sicherheit ausstrahlen. Egal ob Mann oder Frau.

Hierarchien schaffen Sicherheit

Die Entwicklung geht in die Richtung, dass Frauen sich erfolgreich in einem System durchsetzen, das von Männern über Jahrtausende dominiert worden ist. Dieses System fußt stark auf Hierarchien und klaren Rolleneinteilungen. Frauen sind weniger fokussiert darauf, Hierarchien herzustellen. (Wenn Frauen sich treffen, ähnelt das für einen Mann oft einem wilden Durcheinander, in dem er sich nicht auskennt. Er begreift einfach nicht, welche Frau das Sagen hat und welche nur mitschnattert. Meist geht es auch nicht unbedingt gleich beim ersten Treffen um den Beruf. Wenn Männer sich dreimal getroffen haben, steht in der Regel ein Kassenwart, ein Protokollchef und ein Vorstand fest.)

In weiblich dominierten Unternehmen ist die Abgrenzung und somit Erkennbarkeit von Ebenen unklarer. Neudeutsch: Sie haben im Durchschnitt flachere Hierarchien. Das macht das Miteinander vielfach einfacher, da weniger Barrieren zwischen den Ebenen bestehen. Männer setzen da mehr auf Symbole und die Abgrenzung der Ebenen voneinander. In großen Gruppen, bei denen es um schnelle Entscheidungen geht, hat ein streng hierarchisches System den Vorteil, dass mithilfe klarer Strukturen ein jeder weiß, wer die Kommandos gibt, und es keine langen Diskussionen darum gibt. Stellen Sie sich ein Krankenhaus vor, in das ein Schwerverletzter eingeliefert wird. Wenn die Chirurgen zuerst in der Gruppe erarbeiten würden, »Wer schneidet heute?«, und darauf achten, ja niemanden in seiner Persönlichkeit zu verletzen, wäre der Patient verblutet, bevor die

Doktoren überhaupt mit ihrer Flipchartpräsentation fertig wären.

Deswegen muss der leitende Arzt jene Sicherheit ausstrahlen, die den Mitarbeitern das sichere Gefühl gibt, dass er genau weiß, was zu tun ist. Jeder, der schon einmal unter einem Chef gearbeitet hat, der diese Sicherheit nicht ausstrahlt, weiß: dessen Entscheidungen werden hinterfragt, weil Sie eine Verunsicherung bei sich wahrnehmen.

Qualitäten des Alphatiers

Wer also als Alphatier wahrgenommen werden will, sollte Signale ausstrahlen, die Sicherheit vermitteln.

Körpergröße

Ja, liebe Gartenzwerge und -zwerginnen, ich weiß, dieses Thema ist unangenehm. Ich würde sagen: Da müssen Sie durch. Sie können sich natürlich auch in eine Ecke zurückziehen oder eine Selbsthilfegruppe gründen. Geneigter Leser, bevor Sie jetzt für alle kleineren Menschen in die Bresche springen: Der Autor weiß, wovon er spricht. Drücken wir es mal so aus: Der werte Herr Körperspracheüberchecker könnte Sie nur besuchen, wenn Ihre Fußmatte kein Hochflorteppich ist. Er würde sich darin verirren.

Es stimmt schon, dass großen Menschen im ersten Moment mehr Alphaqualitäten zugetraut werden. Allerdings reduziert sich Größe nicht auf die uns angeborenen Zentimeter. Mit Größe meine ich vielmehr Ihr körpersprachliches Auftreten. *Darüber* sollen Sie Größe zeigen.

Machen Sie sich so groß, wie Sie von Natur aus geschaffen sind. Ein Buckel, ein gesenkter Kopf und herabhängende Schultern lassen Sie erst wirklich klein wirken. Wenn Sie Ellbogen und Hände eng am Körper halten, Hüfte und Beine einknicken, wirken Sie gedrungen. Dazu noch die Fußspitzen einwärts gedreht – und Sie passen gut zu Schneewittchens Kompagnons.

Achten Sie auf eine positive Spannung Ihres Körpers. Das ist jene Spannung, die Sie haben, wenn Sie sich auf etwas freuen. Sie schlurfen dann auch nicht mit hängendem Kopf herum, sondern sind mit Ihrem gesamten Körper aktiv. Da halten Sie die Schultern so, dass sie eine Linie mit Becken und Fersen bilden. Ihr Blick ist nicht ständig nur auf Ihre Füße und den Meter davor gerichtet, er geht viel weiter. Nur notorische Nörgler regen sich über jede Kleinigkeit auf, die ihnen im Weg steht. »Große« Menschen sehen die kleinen Hindernisse vor ihren Füßen gar nicht, denn sie haben den Weitblick für das große Ganze. Ihr Becken ist gerade und bildet kein Hohlkreuz. Bringen Sie dazu Ihr Schambein Richtung Bauchnabel. Das richtet Sie automatisch auf.

Und: Knie kommt nicht von knicken. Knicken Sie nicht in zu vielen Situationen des Lebens mit einem oder beiden Knien ein, sondern halten Sie die Beine mal gestreckt. Nicht verkrampft durchgestreckt, machen Sie Ihre Beine einfach so lang, wie sie nun einmal sind. Und die Füße sollten Sie nicht zu oft einwärts drehen. Sie sind schließlich keine Schmalspurbahn.

Ein selbstbewusster Mensch macht sich nicht kleiner, als er ist. Er traut sich, sich zu zeigen, und ist für andere ein Orientierungspunkt. Ob

Machen Sie sich so groß, wie Sie wirklich sind

Lesen Sie mehr in
Kapitel 5

Sie wirklich selbstbewusst sind, erkennen Ihre Mitmenschen schon nach wenigen Millisekunden. Genau an den oben genannten Signalen.

Kraft

Heute geht es nicht mehr in erster Linie um körperliche Kraft. Es geht um das Gefühl, kraftvoll agieren zu können. Deswegen sollten Ihre Bewegungen genau das vermitteln: Zeigen Sie Kraft und Sicherheit!

So, wie Ihre Stimme laut und hörbar sein sollte, so sollten auch Ihre Bewegungen gut sichtbar und deutlich sein. Achten Sie darauf, dass Ihre Gesten groß sind. Zu kleinteiliges Agieren gibt dem anderen nicht das Gefühl von Sicherheit.

Lesen Sie mehr in
Kapitel 9

Klare Gestik und Mimik gibt dem Gegenüber aber das Gefühl: Dieser Mensch ist sich seiner Sache sicher.

Mehrwissen für Neugierige

Man kann die Konsequenz eines klaren Auftretens sehr gut und deutlich bei Hunden und ihren Herrchen beobachten: Hunde folgen umso besser, je klarer die Befehle des Herrchens sind. Je undeutlicher und lascher ein Befehl ausgeführt wird, desto eher übernimmt der Hund das Kommando über den Besitzer. Wer ist dann noch Hund, wer Herrchen?

» *Ich meine, wers braucht …*

Er soll ein wirklich erfolgreicher Geschäftsmann sein. Durch seine Sekretärin lässt er mir ausrichten, dass er gerne ein Projekt mit mir besprechen würde. Ich rufe ihn gleich zurück, dringe aber nur bis zu seiner Sekretärin vor. Sie bestätigt ihm den Termin.

Ich überlege kurz, mit der Straßenbahn zum Termin zu fahren, nehme dann aber doch das Auto. Wahnsinnsadresse.

Beste Lage. Allein die Garagenabfahrt ist groß genug für einen Lkw. Ich meine, ich mach mir nichts aus Äußerlichkeiten. Ich meine, wers braucht …

In der Garage ist noch ein Platz frei. Den nehme ich. Er ist zwar sehr eng, weil der Nebenmann ein wenig über die Linie geparkt hat. Aber gut, das ist ja immer so – die mit den größten Karren parken am schlechtesten ein.

Ich muss dann zwar über die Beifahrertür aussteigen, aber was solls.

Da fällt mir ein kleiner Firmenaufkleber am Heck des Wagens neben mir auf. Es ist das Auto meines Gesprächspartners. Nicht schlecht, die Kiste … Ich mein, wers braucht …

Im Foyer angekommen: der Wahnsinn! Die Eingangshalle ist so groß wie ein mittelgroßer Flugzeughangar. Das ist ja beeindruckend. Richtig klein fühlt man sich da. Zum Lift komme ich nicht direkt, davor steht ein Drehkreuz. Also wende ich mich an den Sicherheitsdienst. Der muss erst nachfragen, ob ich überhaupt hinaufdarf. Bis da oben jemand ans Telefon geht, dauert es. Dann das Go und die Information: In den 27. Stock solle ich fahren. Das ist direkt unter dem Penthouse. Bamm! Das klingt gut. Ich meine, wers braucht …

Oben angekommen stehe ich in einem riesigen Empfangsraum. Der Empfangstresen ist tiefschwarz und so hoch, dass ich nur den halben Kopf der Empfangsdame sehen kann. Aber verstehen kann ich sie ganz: Ich solle warten und Platz nehmen. Ich versinke in einem tiefen Sessel.

Nach etlichen Minuten kommt eine zweite Dame, die mich bittet, ihr einen endlosen Gang entlang zu folgen. Am Ende ein Meetingraum. Riesengroß. Natürlich. Und mittendrin einer von diesen Tischen, den man schon beim Bau des Stockwerks hereingeschafft haben muss, weil er viel zu groß für sämtliche Türen ist. Wahnsinnig beeindruckend. Ich mein, wers braucht …

Ich dürfe ruhig Platz nehmen, der Chef komme gleich. Und weg ist sie. Aber wo nur setz ich mich hin? Alle Stühle mit elegantem Stoff bezogen. Am Kopf des Tisches ein Ledersessel. Die Lehne so hoch wie ich im Stehen. Gut, das ist jetzt nicht so hoch, aber immerhin. Obendrauf noch eine Kopfstütze. Kommt das gut, wenn ich mich genau auf den Stuhl setze? Nur kurz finde ich meine Gedanken lustig.

Ich bleibe lieber stehen, so kann ich nichts falsch machen. Die Tasche behalte ich auf meiner Schulter, um ja keinen Platz einzunehmen, der mir nicht gehört.

Ich kann mir zwar nicht genau erklären, warum, aber meine Anspannung steigt. Eigentlich will er ja was von mir ... aber diese pompöse Umgebung ... Dass ich tatsächlich ein wenig nervös bin, merke ich, weil ich die Hände mit durchgestreckten Ellbogen in die Hosentaschen gesteckt habe.

Plötzlich spüre ich ein leichtes Zittern, dann höre ich Schritte und – zack – wird die Tür weit aufgerissen.

Kurz bleibt er in der Türöffnung stehen und breitet beide Arme weit aus. Mindestens 1,90 groß, braun gebrannt und Muckis ohne Ende. Breitbeiniger Stand, Füße weit nach außen gedreht. Die Hüfte hat er vorgeschoben. Das Grinsen im Gesicht reicht von einem Ohr zum anderen, dabei zeigt er strahlend weiße Zähne, die perfekter aufgestellt sind als die Bundeswehr beim Staatsempfang.

Plötzlich schießt er auf mich zu, ich zucke regelrecht zusammen. Seine rechte Hand schnellt mir in weitem Bogen entgegen. Ich bin ein wenig zu langsam, die Ellbogensperre war noch zu lösen. Die Tasche hätte ich besser über die linke Schulter hängen sollen, so kann ich meinen Arm nicht ganz ausstrecken, sodass seine Handfläche meine von oben umfasst. Da bleibt meiner Handfläche nicht viel Entfaltung übrig. Er schüttelt endlos lange meine Hand und rattert mit

lauter Stimme sympathische Begrüßungsfloskeln herunter.
Die nehme ich nur nebenbei wahr, da er gerade die zweite
Hand ausstreckt und mir so beherzt auf die Schultern klopft,
dass ich mich fast verschlucke.

Nach dieser körperlichen Begrüßung lässt er seine linke
Hand auf meiner Schulter liegen und sagt: »Ich habe schon
so viel von Ihnen gehört!« Mit leiser Stimme antworte ich:
»Man tut, was man kann.«

Ich weiß nicht, ob er es überhaupt gehört hat, da er
mich mitten im Satz bittet, Platz zu nehmen. Wow, ich darf
direkt neben ihm sitzen! Schwungvoll schiebt er mir ein
Glas zu und gießt beherzt Wasser ein. Ich wollte eigentlich
nichts trinken, aber wer wird hier wagen, zu widerspre-
chen? Und schließlich soll man ja viel trinken. Er dreht
seinen Stuhl zu mir. Einen Fuß hat er auf das Knie des an-
deren Beines gelegt, eine Hand liegt mit weit ausgestreck-
tem Arm auf dem Tisch. den anderen Arm hat er über seine
Armlehne gelegt.

Ich sitze auf der Stuhlkante und halte meine Tasche im-
mer noch auf meinem Schoß. Eigentlich will ich mich auch
ein wenig zu ihm hindrehen – aber Drehstühle sind hier
wohl Chefsache.

Er zieht einen Schreibblock zu sich und beginnt mit gro-
ßen Lettern zu schreiben. Ich begnüge mich mit der Tisch-
kante und tippe meine Notizen ins Smartphone. Ist ja viel
praktischer. Er redet unheimlich viel. Manches davon ist fast
spannend. Und er ist so erfolgreich! Von so einem kann man
sich immer etwas abgucken, denke ich.

Mehrmals will ich auf unser Thema lenken. Leider bin
ich offensichtlich zu leise und zu langsam. Ich ertappe mich
dabei, wie ich mich fast schon mit ausgestrecktem Zeigefinger
melden will. Gerade noch kann ich die Bewegung zu einem
eleganten Ohrenkratzen kaschieren.

Plötzlich springt er auf, seine Zeit ist abgelaufen. Er beglei-
tet mich zum Lift. Er geht mit solch schnellen Riesen-
schritten, dass ich mir mit meinem Trippeln daneben wie
eine ratternde Nähmaschine vorkomme. Ich bewahre eine
sehr enge Beinführung, weil er neben mir Schlittschuh-
schritte macht. Dazu pendelt sein Körper weit zu beiden
Seiten und seine Arme beschreiben einen regelrechten Bo-
gen beim Schwingen.

Als uns die Empfangsdame über den Weg läuft, muss sie
ausweichen. Sie macht es gerne. Man merkt das: Sie neigt
den Kopf leicht zur Seite und lächelt ihn von unten an.

Im Lift spüre ich meine Erschöpfung. Ich bin viel zu an-
gespannt gewesen. Aber der Typ weiß einfach auch genau,
was er will. Da ist es nur gut, dass ich wenig geredet habe.
Er weiß zwar gar nicht, was mein Anliegen ist, aber jemand,
der so kompetent ist, wird schon wissen …

Als ich über die Beifahrertür wieder in mein Auto ein-
steige, werfe ich noch einen Blick in seins – ich mein, wers
braucht … **«**

Sich nur ja nicht zu breit zu machen und damit dem anderen nichts an Platz wegzunehmen widerspricht der
Haltung, die von einem Alphatier erwartet wird. Klare
Aussagen, Dinge beim Namen zu nennen, Kraft auszustrahlen und sich zu trauen, Raum in Anspruch zu nehmen, sind notwendig, um der Gruppe Orientierung zu
bieten. Auch wenn uns der sympathischer ist, der uns
keinen Platz streitig macht … Deswegen sei hier gesagt:
In Führungspositionen gehen Alphatierqualitäten und
Sympathie nicht unbedingt zusammen.

Wer sich traut, Größe zu zeigen, Raum in Anspruch zu nehmen und sich deutlich zu bewegen, wird eher als Alphatier wahrgenommen.
Zu viel des Guten evoziert aber Ablehnung.
Wer sich zu klein macht, dem wird keine ausreichende Kompetenz zugetraut.

TEIL DREI
DIE MYTHEN DER KÖRPERSPRACHE – DIE SIE AUCH KENNEN SOLLTEN

»Alles Populäre ist falsch.«

OSCAR WILDE

13

MYTHOS EINS
LÜGNER VERRATEN SICH IMMER
ÜBER IHRE KÖRPERSPRACHE

>> *Wieso kommt er bitte schön erst jetzt nach Hause? Es wird jeden Tag später. Ich kann mich noch gut erinnern: Am Anfang unserer Beziehung konnte er es gar nicht erwarten, wieder bei mir zu sein. Jetzt höre ich immer öfter: »Schatz, es wird heute ein wenig länger dauern.« Ich meine, das ist nicht per se schlecht. Er würde ohnehin abschätzig schnauben, während ich in meinen Frauenmagazinen blättere. Ich weiß schon, dass das keine Bildungsmagazine sind, aber man zieht sich da immer was fürs Leben raus. Echt. Letztens habe ich zum Beispiel erfahren, wie man erkennt, ob jemand lügt. An der Körpersprache! Super spannend.*

Ach, da kommt er ja endlich. »Hallo Schatz, hast du Hunger?« »Nein danke, ich hab schon unterwegs gegessen.« Koch ich dem feinen Herrn nicht mehr gut genug? Schwamm drüber.

»Kommst du zu mir auf die Couch?« »Ich muss noch schnell ins Bad, dann bin ich bei dir.« »Ach komm, das kannst du doch auch später machen.« Er setzt sich links von mir auf die Couch. Früher hätte kein Blatt zwischen uns gepasst und jetzt ... das gibt mir zu denken.

»Na, wie war dein Tag?« »Ja, äh, okay.« Da sind ja meine Topfpflanzen gesprächiger. Außerdem: Warum hält

er sich dauernd die Hand vor den Mund? Was stand noch mal in dem Magazin? Ja, richtig: Das machen wir Menschen so, wenn wir lügen. Eindeutiger geht es wohl nicht mehr. Oder doch? Mit der anderen Hand fasst er sich dauernd an den Hals. Hals schützen! Wie war das noch? Hals schützen! Wir tun das, wenn wir uns bedroht fühlen.

Es fällt mir wie Schuppen von den Augen! Oh je, sein rechtes Bein ist über das linke geschlagen! Ich hab gelesen, dass eine Person immer dann abgewandt überschlägt, wenn sie sich mit ihrem Gesprächspartner unwohl fühlt. Der Mund fest verschlossen – er will wohl nicht, dass ihm etwas Kompromittierendes entfleucht. Sehr geschickt stellt er sich wirklich nicht an. Ich meine, den Augenkontakt so eindeutig zu meiden. Tsts. Das liest man doch in jeder Zeitschrift, dass man daran eindeutig den Lügner erkennt.

Ach nein! Jetzt verschränkt er auch noch die Arme, ganz eng! Auf unserer Couch! Ich meine, wozu das? Ein klares Signal der Abwehr. »Schatz, du hast viel um die Ohren, gell?« Na, wenigstens dreht er sich mal zu mir. »Hm, was meinst du?« »Ich wollte nur wissen, ob du viel Stress im Büro hast?« Er starrt fast durch mich hindurch. »HALLO? Hier bin ich! Deine FRAU«, will ich schon brüllen. »Ja, viel zu tun.« Das ist alles. Mein Freund, da musst du bei mir früher aufstehen: Mit Körpersprache kenne ich mich nämlich aus. Die lügt nie.

Und wieder diese Schmallippigkeit. Jetzt rollt er seine Augen – nach oben! Rechts oben! Ich glaub, mich tritt ein Pferd. Blick nach rechts oben heißt doch, dass er sich das alles nur ausdenkt. Oder war es links oben? Irgend so was sagt doch dieses Neurodingsprogrammieren. Eine vierteilige Serie war letztens in der Zeitschrift. Gott sei Dank werfe ich die alten Ausgaben nie weg. Die haben schon recht, die Experten. Von wegen Stress, das glaubt ihm doch keiner. Und

das nach all den Jahren. Ich habe mein Leben für ihn auf-
geopfert. Das lass ich mir nicht bieten! Zieh ich eben wieder
zu meiner Mutter. Wie demütigend. In mir kocht es, ich kann
mich nicht mehr zurückhalten. Ich drehe mich offensiv zu
ihm hin und sage mit vor Wut zitternder Stimme: »Wie heißt
sie? Gibs wenigstens zu!«

Er schaut mich an wie ein D-Zug. **‹‹**

Unsere Körpersprache als Lügendetektor? Das klingt attraktiv und einfach. Einen Menschen einmal anschauen
und genau wissen, ob er die Wahrheit sagt oder nicht.
Hier ist mein Senf dazu: Der Wunsch, Lügner zu erkennen, ist so alt wie der Mensch selbst. Geradezu versessen
darauf ist die Menschheit, Lügner anhand eindeutiger
Signale identifizieren zu können. Zu Zeiten der Römer
und noch viel mehr zu Zeiten der Gegenreformation mit
ihren Hexenverbrennungen existierten brutale Prüfungen, um »Lügner« zu entlarven. So wurden vermeint-
liche Hexen an ein Fass gebunden und ins Wasser gewor-
fen. Drehte sich das Fass samt ihrer nicht zur Seite,
sondern blieben sie über Wasser, galt das als Zeichen für
die Wahrheit und rettete ihnen das Leben. Zu Beginn des
20. Jahrhunderts kamen die ersten Lügendetektoren auf
den Markt. Anhand von Parametern wie Hautwiderstand,
Herz- und Atemfrequenz sollten sie Aufschluss über die
Glaubwürdigkeit von Menschen geben. Humaner, aber
noch immer ohne messens- und nennenswerten Erfolg.

Tatsächlich liegt die Erfolgsquote eines Lügendetektor-
tests nur wenig über 50 %. Das entspricht in etwa der
Quote Ihrer Gewinnchance bei der Wette auf Kopf oder
Zahl einer geworfenen Münze. Dass das nicht Grundlage
für die Rechtsprechung einer Gesellschaft sein kann, liegt
hoffentlich auf der Hand. Dass es das für die Verbrennung

von Menschen im Zeitalter der Inquisition sein konnte, ist bis heute unglaublich.

Nach den Anschlägen vom 11. September 2001 auf das World Trade Center kam das FBI auf die Idee zurück, die Körpersprache als Lügendetektor genauer zu erforschen. Gelder wurden bereitgestellt und man gewann tatsächlich neue Erkenntnisse. Eine Erkenntnis kreist um die Mikromimik, auch Mikroexpression genannt. Benannt hat sie Paul Ekman, ein im Bereich der nonverbalen Kommunikation sehr medienwirksam tätiger Anthropologe und Psychologe aus den USA. Auf Basis seiner Forschungsergebnisse hat Hollywood im Übrigen die erfolgreiche TV-Serie »Lie to Me« entwickelt: Verbrecher werden überführt, indem man ihre Mimik im Verhör im wahrsten Sinne des Wortes unter die Lupe nimmt.

Unkontrollierbare Mikromimik

Grundlage ist die Annahme, dass wir mimische Signale aussenden, die so blitzschnell geschehen, dass wir sie mit unserem bewussten Verstand nicht zurückhalten können und gleichzeitig unser Gegenüber sie mit bloßem Auge kaum erkennen kann. So verziehen wir bei Ekel den Mund blitzschnell oder rümpfen die Nase bei Unbehagen für einen Augenblick. Erst einige Millisekunden später schaltet sich unsere Ratio ein und korrigiert die verräterische Mimik. So weit, so überzeugend.

Erlebt oder erdacht?

Was die Hirnforschung aber bereits in Erfahrung gebracht hat: Unser Gehirn ist sehr ungeschickt in der

Unterscheidung von wirklich Erlebtem und Einbildung. Was geschieht, wenn Sie ein Urlaubsziel ein zweites Mal bereisen? Es ist oft ganz anders, als Sie es in Erinnerung hatten. Obwohl Sie sich doch so sicher waren! Augenzeugen eines Autounfalls sind sich bei der Befragung oft nicht einmal mehr einig über die Farbe der zusammengeprallten Fahrzeuge. Und sie alle würden Stein und Bein schwören, im Recht zu sein.

Vielleicht haben Sie auch beobachtet: Sobald Kinder in ein Alter kommen, in dem sie von Erlebnissen des Tages erzählen, verschwimmt die Grenze zwischen tatsächlich Erlebtem und ihrer Fantasie. Nicht alle Kinder sind darum Lügner. Einzig: Ihr Hirn lässt sie die Fantasie tatsächlich ähnlich intensiv erleben wie die Realität.

Auch im Erwachsenenalter verschwimmt diese Grenze sehr, sehr häufig. Öfter, als wir es uns eingestehen wollen, übrigens.

Stellen Sie sich eine schöne gelbe Zitrone vor. Eine vollreife Frucht. Sie nehmen sie in die eine Hand. Mit der anderen nehmen Sie ein Messer und schneiden durch die saftige Frucht hindurch. Die Klinge glänzt vom Zitronensaft. Nun nehmen Sie eine Hälfte und beißen herzhaft hinein …

Bevor Sie jetzt weiterlesen, wischen Sie sich bitte den Sabber vom Mund, oder hatten Sie Gänsehaut? Moment: War die Zitrone Realität? Nein, Sie haben sie in Ihrer Birne erzeugt. Aber der Körper hat ähnlich reagiert, als ob diese Zitrone tatsächlich existieren würde. Das Gleiche geschieht, wenn Sie in der U-Bahn sitzen und an etwas Nettes denken. Dann kommt es schon mal vor, dass Sie ein wenig dämlich vor sich hin grinsen. Sie kennen das.

Ganz so wie ein albträumendes Kind körperliche Reaktionen zeigt, als ob es mit dem Traumungeheuer tatsächlich konfrontiert wird. Oder wenn Sie alleine mitten in der Nacht eine einsame Straße entlanggehen. Da werden Sie sich auch allerhand Gefahren einbilden.

Allerdings wird Ihre Körpersprache sehr wohl reell sein. Über Ihre Mimik und Gestik werden Sie so reagieren, als ob Sie sich tatsächlich vor dieser Einbildung schützen oder sich zum Kampf bereit machen müssten. Nehmen wir nun diese körperliche Reaktion als Grundlage und gleichen sie mit der Realität ab – wir stehen saublöd da.

Es sind die Gedanken, die die Körpersprache auslösen. In all den oben genannten Fällen. Und zwar Gedanken, die mit der aktuellen Situation gar nichts zu tun haben. Aber: Ihr Körper reagiert auf diese Gedanken genauso, als wären sie die Realität. Wenn also das *Gehirn* einen Gedanken, eine Erinnerung oder eine Idee als Realität wahrnimmt, es selbst nicht weiß, ob wirklich erlebt oder zusammenfantasiert, wird es auch Befehle an den Rest des Körpers geben, die auf diese Einbildung als Realität reagieren. Eindeutige Hinweise in der Körpersprache auf eine Lüge zu definieren, ist darum von vornherein zweifelhaft. Punkt. Dem ist mit großer Vorsicht zu begegnen.

Nicht verifizieren, sondern falsifizieren!

Machen Sie es wie der Philosoph Sir Karl Popper: Suchen Sie nicht nach Hinweisen, die belegen, dass Ihre Annahme richtig ist. Machen Sie das Gegenteil: Suchen Sie so lange nach Anzeichen, die Ihre Annahme als falsch herausstellen, bis Sie keine mehr finden. Erst dann könnte es sein, dass Sie mit Ihrer Deutung der Körpersignale richtig liegen. Nicht verifizieren also, sondern falsifizieren. Versuchen wir doch einmal, die Schlüsselreize der Anfangsszene auf Basis der neu erfahrenen Informationen zu deuten:

—

Vom Gegenüber abgewandt übergeschlagene Beine weisen darauf hin, dass die Person nicht bereit ist, sich ihm zu öffnen. Sie schützt ihre sensibelsten Körperstellen.

Ist das die einzige mögliche Deutung? Ganz und gar nicht! Möglicherweise ist das einfach die gewohnte Sitzweise des Gesprächspartners. Vielleicht hat die Person aber auch schlicht Schmerzen in der Hüfte und sitzt abgewandt bequemer. Und vielleicht, ja, ganz vielleicht will sie auch tatsächlich ein wenig mehr Abstand zu Ihnen halten.

—

Ein fest verschlossener Mund weist darauf hin, dass unser Gesprächspartner nicht bereit ist, die Wahrheit herauszulassen.

Oder kann es vielleicht auch sein, dass er sich davor versperrt, die Anschuldigungen des Gegenübers *hinein*zulassen? Vielleicht hat er auch einen unangenehmen Atem und will uns ganz einfach schützen. Oder die Erinnerung daran, den Hochzeitstag vergessen zu haben (schließlich kann er sich die Folgen lebhaft ausmalen), lässt unseren Gesprächspartner die Lippen zusammenkneifen …

Lesen Sie mehr in
Kapitel 1

—

Sind die Hände zu Fäusten geballt, weist das auf das Gegenteil von Offenheit hin, wie wir es zum Beispiel beim Winken machen.

Wir ballen aber auch die Hände, wenn wir angespannt sind vor Freude oder wenn wir unter Zeitdruck stehen. Oder aus Zorn, weil uns jemand einer Lüge verdächtigt …

—

Die Hand zur Nase führen oder die Nase rümpfen sind typische Anzeichen dafür, dass jemand die Wahrheit zurückhalten will.

Ist das tatsächlich so? Oder kann es sein, dass unserem Gegenüber schlicht die Nase juckt, es eine Allergie hat oder gleich niesen muss? Wenn allerdings zu viele Menschen in Ihrer Gegenwart die Nase rümpfen, sollten Sie vielleicht erwägen, Ihr Deo zu wechseln.

Das sind nur ein paar Beispiele, die uns zeigen, wie wenig zielführend es ist, Körpersignalen eine unmissverständliche Bedeutung beizumessen. Verstehen Sie mich nicht falsch: Jede Aktion und Reaktion unseres Körpers hat eine Bedeutung, denn wir hätten es uns im Laufe der Evolution gar nicht leisten können, durch unnötige Aktivität Energie zu verbrennen, ohne uns einen Nutzen davon zu versprechen. Das Gleiche gilt im Übrigen für Tiere. Ihr Hund bellt doch auch nicht, weil er sonst nichts Besseres zu tun hat.

Aber eine Lüge schlicht an *einem* Körpersignal festzumachen ist nicht so einfach möglich und auch nicht ratsam, denn das kann mehr zerstören im zwischen-menschlichen Miteinander als aufklären.

Routine ist Sicherheit

Ganz so ohne Hinweise will ich Sie aus diesem Kapitel nicht entlassen. Denn Sie werden im Alltag schon mal ein Bauchgefühl verspüren und erahnen, dass jemand lügt. Manchmal liegen Sie damit richtig. Manchmal auch nicht.

Die Chance, tatsächlich einen Lügner zu ertappen, ist umso größer, je besser Sie die Person kennen. Das, was uns an unserem Gegenüber verdächtig vorkommt, ist das *Verändern von Routinen*, von Angewohnheiten.

Das Vermeiden von Augenkontakt gilt weithin als ein-deutiger Hinweis auf eine Lüge. Dieses Signal ist tatsächlich ein spannendes. Es *kann* durchaus ein Hinweis darauf sein, dass jemand nicht die Wahrheit sagt. Allerdings kann es auch eine Menge anderer Gründe geben, Augenkontakt zu vermeiden. Ist die Person müde oder hat sie trockene Augen? Wird sie geblendet oder ist sie schlicht vom Gegen-über genervt?

Gehen ihr gerade ganz andere Gedanken durch den Kopf? Versucht sie sich konzentriert an etwas zu erinnern? In all diesen Situationen wird der Blick des Gegenübers länger gemieden als erwartet und gewohnt. Bevor Sie sich in Küchenpsychologie ergehen, ist es wichtig zu wissen, ob die Person sich nicht vielleicht grundsätzlich schwer-tut, Augenkontakt standzuhalten. Dann wäre das nämlich kein Hinweis auf eine Lüge mehr, sondern schlicht eine Eigenschaft. Im Gegenteil wäre also das Standhalten des Blicks in diesem Fall eine beunruhigende Tatsache, weil sie von der Angewohnheit abweicht. Das heißt, je genauer

Sie einen Menschen kennen, desto eher kennen Sie seine Routinen. Darum werden Sie es auch schnell bemerken, wenn sich dieser Mensch anders verhält. Aber ob das aufgrund einer Lüge geschieht, kann so einfach nicht beantwortet werden.

Wenn ein wortkarger Mann, dem normalerweise am Abend die Kommunikation mit der Sportschau genügt, plötzlich freimütig von seinem Tag erzählt, ist das zwar ein Verlassen seiner Routineroute. Vielleicht steckt dahinter aber die Vorfreude auf das Gesicht der Freundin, wenn er ihr eine mitgebrachte Überraschung überreicht. Ein Mitarbeiter, der sich plötzlich die Hand vor den Mund hält und die Augen etwas zu lange schließt, lügt nicht unbedingt. Ihm ist nur gerade eingefallen, dass er vergessen hat, die wichtige E-Mail an den Chef abzuschicken. Wenn bei Ihrem nächsten Rendezvous Ihr Gegenüber plötzlich die Hand vor den Mund hält und die Augen etwas zu lange verschließt, sollten Sie also nicht gleich die Flinte ins Korn werfen. Vielleicht ist ihm nur eingefallen, dass es das Bügeleisen zu Hause nicht ausgesteckt hat.

Ist Körpersprache nur ein Werkzeug?

Führt uns die Deutung der Körpersprache in ihrer Vielschichtigkeit dann überhaupt irgendwohin? »Lie to Me« und »The Mentalist«, Magazinbeiträge, Reportagen, diverse Comedians und TV-Sendungen – die Medien reduzieren die Funktion der Körpersprache vornehmlich auf die eines Lügendetektors. Klar, weil es gut ist für die Quote. Auch wenn der Erfolg nie bei 100 % liegen wird, scheint es doch weiterhin ein akzeptierter (und vielleicht auch gewollter) Weg zu sein, die Aufrichtigkeit einer Person zu ergründen.

Wenn sich allerdings das Interesse ausschließlich auf die Körpersprache von Lügnern, Schwindlern und neuerdings sogar Psychopathen (ja, auch denen wird eine »eindeutige« Mimik und Gestik zugeschrieben – also reißen Sie sich am Riemen ...) reduziert, spricht das doch für eine Art Selbstoffenbarung: Wollen Sie sich wirklich nur mit den abnormen und vielleicht sogar krankhaften Vorgängen und Zuständen des Körpers ihres Gegenübers beschäftigen? Wenn Sie auf einen Unbekannten treffen, sind Sie zuallererst daran interessiert, wie spannend sich seine Krankheitsgeschichte liest? (Wenn Sie beides mit Ja beantwortet haben, sollten Sie dringend einmal *Ihre* Körpersprache deuten lassen ...)

Ich für meinen Teil widme meine Zeit lieber jenen Menschen, deren Körpersprache mich bewegt und animiert. An ihnen will ich lernen und erkennen, warum sie so anregend und attraktiv auf mich wirken. Und dazu gehören übrigens nicht nur ein Lachen und ein strahlendes Äußeres. Auch Trauer und Angst können bewegende Signale sein.

Da unser Gehirn oft selbst nicht zwischen Realität und Erdachtem unterscheiden kann, ist auch die daraus resultierende Körpersprache nicht immer eindeutig zu lesen.
Seien Sie deswegen achtsam, wenn Ihnen jemand »eindeutige« Lügensignale unterjubeln will.
Gehen Sie nicht mit zu viel Skepsis in Gespräche hinein. Denn oft ist genau Ihre Skepsis der Auslöser für verdächtige Signale des Gegenübers.

14

MYTHOS ZWEI
DIE ABSOLUTEN DOS AND DON'TS
DER KÖRPERSPRACHE

Dieses Kapitel haben Sie schnell durchgearbeitet.
    Denn der Text lautet:

GIBT'S

NICHT!*

*Warum? Bequemen Sie sich zu Seite 93 und lesen Sie das Kapitel »Kinder an die Macht«.

15

MYTHOS DREI
EINZELNE KÖRPERSPRACHESIGNALE
SIND IMMER EINDEUTIG

>> *124 Bewerbungen habe ich abgeschickt. 12 Absagen und eine einzige Einladung zum Gespräch erhalten. Das ist schon heftig. Ich brauche den Job. Das Geld wird knapp oder soll ich den Vermieter auch zwölfmal mit der Miete versetzen? Ich muss die Stelle ganz einfach haben.*

Die Personalchefin empfängt mich herzlich. Das ist schon mal gut. Sie bietet mir einen Platz am Besprechungstisch an. Das Gespräch ist angenehm, eigentlich sehr locker. Was ich nur auch heute wieder komisch finde: dass Personalentscheider immer die gleichen Fragen stellen. Auch sie. »Warum haben Sie Ihre letzte Stelle aufgegeben?«, »Warum bewerben Sie sich bei uns?«, immer die gleichen Fragen. Haben die alle dasselbe Seminar besucht? Immerhin weiß ich, was auf mich zukommt.

Mit dem Gros der Fragen kann ich gut umgehen. Nur diese eine Frage ist mir ein Graus. Sie ist so weltfremd und platt. Aber dieses Mal scheint es fast so, als würde die Frage ausblei… oh je, vergeblich gehofft: »Was sind Ihre größten Schwächen?«, scheint sie mich zu durchschauen. Jede Antwort darauf ist irgendwie falsch. Nenne ich keine Schwächen, wirke ich überheblich. Gebe ich ihr eine oberflächliche Antwort, ist das unglaubwürdig, und wenn ich wirklich zugebe, dass mein Schreibtisch aussieht wie ein Sauhaufen, ich morgens schwer aus dem Bett komme und alles auf den letzten Drücker erledige, kann ich mir den Job gleich in die Haare schmieren. All das geht mir durch den Kopf, als ich mich entschließe, nur einen Teil der Wahrheit zu sagen. Schließlich gibts ja Wecker. Noch während ich über meine Morgengewohnheiten rede, sehe ich, wie sie ihre Arme verschränkt. Bamm – da fallen bei mir die Rollläden herunter. Denn Armeverschränken bedeutet schließlich Abwehr und Verschlossenheit. Also doch den Vermieter versetzen. «

Ganz so schnell sollten Sie mit Ihrem Urteil nicht sein. Um einigermaßen sichergehen zu können, müssen Sie den gesamten Körper der Personalchefin betrachten. Wenn sie die Arme verschränkt, sich zurücklehnt und dabei den Kopf senkt, liegt uns schon weit mehr an Information vor. Richtet sie zusätzlich noch ihren Blick gen Boden und bildet Stirnfalten, verstärkt sie dadurch den Wulst über ihren Augen, schiebt sie auch noch das Kinn leicht vor und verdeckt damit ihren Hals, haben wir schon ein ganzes Konglomerat an Signalen beisammen. Ein Ballen der Hände zu Fäusten weist auf ihren erhöhten Muskeltonus hin. Wenn sie dann noch beide Füße fest auf den Boden setzt, sollten Sie nach etwas Schützendem greifen oder, wenn möglich, die Flucht ergreifen!

Sitzt sie allerdings mit verschränkten Armen entspannt da, hält den Kopf leicht geneigt und ihre Finger entspannt, stellt ihr Körper zusätzlich eine leicht geschwungene Linie dar, weil sie ihre Beine überschlägt, sieht die Sache ganz anders aus. Vielleicht blickt sie Sie mit offenen Augen an, nickt ab und zu mit dem Kopf und zeigt beim Lächeln auch noch ihre Zähne – würden Sie diese Körperhaltung als abwehrend bewerten?

In beiden Situationen hat sich jeweils der gesamte Körper verändert. Nur *ein* Signal – das Verschränken der Arme – ist gleich geblieben.

Verstehen Sie? Genau deshalb sollten wir nie ein einzelnes Signal isoliert betrachten. Es bekommt erst dann wahres Gewicht, wenn mehrere Signale in die entsprechende Richtung deuten.

Beine überschlagen – Selbstversuch, die Dritte

Es lässt sich schließlich auch an der Haltung der Beine erkennen, ob der Sitznachbar einen mag oder nicht. Je nachdem, wohin er die Beine überschlägt, nämlich. Überschlägt er sie zu Ihnen hin, findet er Sie sympathisch. Und umgekehrt. Oder?

Wenn das stimmt, müssten wir beim Überschlagen der Beine auf beiden Seiten gleich flexibel sein. Je nachdem, ob wir jemanden mögen oder nicht, überschlagen wir also zu- oder abgewandt.

Arme verschränken bedeutet Abwehr!

Arme verschränken bedeutet Abwehr? Wirklich ...?

Versuchen Sie das mal! (Ja, *jetzt*. Kommen Sie schon! Ohne Ausprobieren werden Sie es nicht erkennen.) Überschlagen Sie die Beine. Eines über das andere. Und nun andersherum. Merken Sie etwas? Auf der einen Seite fällt es Ihnen wahrscheinlich deutlich leichter. Die allermeisten Menschen überschlagen ihre Beine nämlich auf eine favorisierte Seite! Es hängt also gar nicht zwingend davon ab, wie sehr Sie einen Menschen mögen, der Ihnen zur Seite sitzt, sondern viel eher, welche Ihre bevorzugte »Überschlagseite« ist.

———— *Ein Signal allein hat nie nur eine Bedeutung.*

Suchen Sie nach Clustern, also nach mehreren Signalen, die in die gleiche Richtung deuten. Mindestens drei Signale müssen Sie schon finden, um jemanden als Unsympath abzustempeln.

16

MYTHOS VIER
KÖRPERSPRACHE IST UNABHÄNGIG
VON DER UMGEBUNG

Das führt uns schon zur nächsten Regel: Wir sollten niemals die Umgebung oder die aktuelle Gesamtsituation außer Acht lassen, wenn wir Körpersprache lesen wollen.

An der Bushaltestelle an einem kalten Wintertag werden Sie zum Beispiel viel mehr Menschen mit verschränkten Armen begegnen als am warmen Südseestrand. Oder wenn wir lange stehen, zum Beispiel in der Warteschlange an der Kasse oder in der Umbaupause bei einem Open-Air-Festival, haben wir früher oder später automatisch das Bedürfnis, die Arme aus der hängenden Position höher zu bringen und abzustützen. (Männer scheinen häufig Bier als Stützhilfe zu nehmen. Studien dazu sind mir allerdings nicht bekannt.)

Durch das Herunterhängen sammeln sich nämlich Blut und Lymphflüssigkeit in den Händen und sie fühlen sich dick und geschwollen an. Mit dem Verschränken der Arme verschaffen wir uns davon ganz einfach Erleichterung.

Vielleicht ist Ihnen schon aufgefallen, dass in Fitnesscentern viele Männer plötzlich die magische Bizepsvergrößerung erfahren. Achtung, hier will uns jemand eine körpersprachliche Fälschung unterjubeln! Sie, lieber

Leser, lassen sich bitte nicht hinters Licht führen. Denn der Reserve-Schwarzenegger weiß: Wenn er beim Armeverschränken die Fäuste unterm Bizeps ballt, bringt das optisch schnell mal einige Zentimeter Muckiumfang mehr.

Ganz anders liegt die Sache, wenn Sie verschränkte Arme beim Publikum einer ergreifenden, emotionalen Rede sehen. Oder im Kino beim Tränendrüsenfilm. Wenn wir emotional berührt werden, suchen wir Nähe. Und wenn gerade niemand zur Hand ist, umarmen wir uns eben selbst. Dieses Gefühl suchen viele Menschen übrigens auch im Wartezimmer des Zahnarztes ... Auch wenn Sie sich vor der Eisdiele mit Schokoladeneis vollgekleckert haben, können verschränkte Arme eine willkommene ästhetische Korrektur sein.

Und übrigens: Wenn Sie grundsätzlich das Gefühl haben, dass Menschen, die bei Ihnen zu Besuch sind, zu oft die Arme verschränken, sollten Sie vielleicht einfach mal die Heizung höher drehen ...

——— *Achten Sie immer auf die Gesamtsituation.*

17

MYTHOS FÜNF
KÖRPERSPRACHE IST IMMER ABSOLUT
DEUTBAR

>> *In einem französischen Unternehmen bin ich schon seit Jahren als Körpersprachecoach zu Gast. Irgendwann bekam ich die Nachricht, dass ein Geschäftsführerwechsel anstand. Der Eigentümer äußerte den Wunsch nach einer Veränderung, man war mit der Performance der Landesfiliale so gar nicht zufrieden. Mit Offenheit und Neugier vereinbarte ich einen Termin bei der Assistentin des neuen Geschäftsführers.*

Schon bei meinem Eintreten kam das Management konspirativ auf mich zu und warnte mich vor. Sehr skeptisch

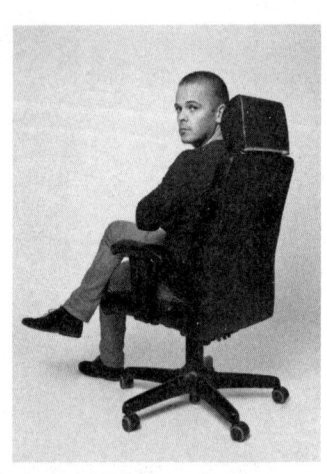

sei der neue Mann, jedem begegne er mit Misstrauen, ja, man mauschelte sogar über Ansätze von Verfolgungswahn … Davon ließ ich mich nicht beirren und schob es auf die grundsätzliche Skepsis von Mitarbeitern dem Neuen gegenüber.

Ich klopfte also an seine Tür. Der neue Geschäftsführer bat mich herein und bot mir einen Platz auf der Ledercouch an. Er selbst setzte sich auf einen Sessel, der im rechten Winkel rechts von mir stand. Was ich dann erlebte, war neu für mich. Seinen Körper drehte er so weit von mir weg, dass ich sogar

Viele Signale deuten in Richtung Abwehr und Desinteresse

im Sitzen den Rücken seines Sakkos sah. Seine Beine deuteten weg von mir, Richtung Tür. Zusätzlich hielt er seine Arme verschränkt. Blickkontakt schenkte er mir nur über die Schulter aus den Augenwinkeln. (Bevor Sie mich jetzt belehren: Die Heizung war aufgedreht!)

So begann unser Gespräch. Es wirkte, als erwarte er dringend ein Paket und wolle die Bürotür nicht aus den Augen lassen. Ich muss gestehen, da deuteten enorm viele Signale in Richtung Abwehr. «

Die positive Gesprächssituation hat alles verändert

Und jetzt schildere ich Ihnen, wie es sich mit seiner Körperhaltung am Ende des Gesprächs verhielt:

» *Er hatte den rechten Ellbogen aufs Knie gestützt, den Kopf darauf, die andere Hand lag breit auf seinem linken Oberschenkel. Das Sakko hatte er mittlerweile ausgezogen, und jetzt kommts: Er hatte sich so weit zu mir gedreht, dass er sein rechtes Bein über die Sessellehne gelegt hatte. Und so saß er mit offenem Schritt neben mir. Ich hatte in dem Moment das bestimmte Gefühl, dass sich Knigge im Grab ein wenig zur Seite drehte.* «

Auch wenn der neue Geschäftsführer am Ende noch immer nicht wirklich gesprächig war, hatte seine Körpersprache eine beachtliche Wendung vorgenommen. »Ah, na klar«, denken Sie jetzt, »der feine Herr Körpersprecher erzählt von seinen Heldentaten! Vielleicht hält er sich gar für einen Gesandten. Geneigter Leser, Sie haben vollkommen recht: Ich *bin* ein Gesandter: meist von meinen Kindern zum Elternabend. Und um auf dem Rückweg Milch mitzubringen.

Das war keine wundersame Eingebung! Das können Sie auch. Weil ich einfach seine Körpersprache genau unter die Lupe genommen und sie in Verbindung mit seiner aktuellen Situation und meinem Vorwissen zum Unternehmen gebracht habe.

Seine Grundhaltung zum Anfang unseres Gesprächs bedeutete in meiner Interpretation: Er hatte von der Zentrale in Paris etliche negative Informationen über das Unternehmen erhalten, das er nun erfolgreich führen sollte. Ich nahm an, dass er ganz einfach noch nicht wusste, wem er hier vertrauen konnte und wem nicht. So zeigte er erst einmal prinzipiell jedem gegenüber Misstrauen. Aus dieser Wahrnehmung heraus hatte ich beschlossen, kein einziges Wort über meine Tätigkeit oder gar über neue Aufträge zu verlieren, denn ich wollte auf gar keinen Fall sein Misstrauen verstärken. Wir sprachen dann schlicht über das, was ihn neben seiner Arbeit im Moment am meisten beschäftigte: seinen Umzug in die neue Stadt, wie es ihm damit erging und welche Erfahrungen er bisher gemacht hatte. In welchem Stadtteil seine Wohnung lag und was er schon so kennengelernt hatte in der neuen Umgebung. Darüber stellte sich ganz offensichtlich eine entspannte Atmosphäre ein.

Das ist keine Hexerei, meine Damen und Herren. Wenn Sie es schaffen, genau zu beobachten und dann zu spüren, warum Ihr Gegenüber sich so verhält, wie es das eben tut, bleiben in vielen Situationen tatsächlich nur wenige Möglichkeiten der Kommunikation. Beobachten Sie das Ganze doch einmal von außen, wie ein unbeteiligter Dritter.

Und:

———— *Beziehen Sie nicht jede körpersprachliche
Aktion auf sich selbst.*

Mit Verlaub, so wichtig sind Sie nicht.

Für sich und also absolut genommen hätten einige Signale am Ende des Gesprächs immer noch auf Abwehr hingedeutet. Allerdings zählt in der Körpersprache immer mehr, in welche Richtung sich die Signale *ändern*, als ihre absolute Deutung.

Unser Körper reagiert immer auf seine Umwelt. Je genauer wir diese wahrnehmen, desto eher können wir die Befindlichkeit der Menschen um uns herum erkennen. Das gilt im Übrigen auch für unsere eigene Körpersprache.

Vergleichen Sie bei einem Gespräch doch mal, wie sich die Körpersprache Ihres Gegenübers bei bestimmten Aussagen Ihrerseits verändert. Dreht sich der Mensch von Ihnen weg oder lehnt er sich vor? Verschwindet sein Lächeln aus dem Gesicht oder wird er plötzlich ganz gesprächig? Nimmt seine Körperspannung zu oder lockert sie sich? Wie verändert sich das Tempo seiner Bewegungen? Und so weiter.

Je genauer Sie diese Veränderungen erkennen, desto schneller wissen Sie, wie Sie bei Ihrem Gegenüber ankommen und auf welche Themen es offen oder verschlossen reagiert. Am Deutlichsten erkennen Sie diese Signale übrigens bei Kindern, denn sie haben noch nicht das Bewusstsein dafür, ihre Körpersprache zurückzuhalten, sondern zeigen ihre Reaktionen auf die Aktionen ihrer Umwelt sehr direkt.

———— *Achten Sie auf Veränderungen der Körpersprache.*

18

MYTHOS SECHS
KÖRPERSPRACHE KANN UNS GEGEN
UNSEREN WILLEN MANIPULIEREN

Das Thema Körpersprache ist spannend, klar. Allerdings auch ein wenig bedrohlich. All diese versteckten Signale bei Bewegungen mit den Armen oder Händen, bei Körperdrehungen und Blickrichtungen. Und erst die Mikromimik! Da gibt es Profis, die manipulieren Sie schneller, als Sie denken. Die senden nonverbale Signale aus, in wenigen Millisekunden! Und schon sind Sie in ihren Fängen.

Moment! Ist das wirklich so? Kann man mit Körpersprache manipulieren?

Die kurze Antwort lautet: Ja, mit Körpersprache kann man manipulieren. Und noch viel schlimmer: Es gibt kein Körpersprachesignal, das nicht manipuliert!

Nehmen wir an, Sie rempeln auf der Straße versehentlich jemanden an. *Ihre* Reaktion hängt davon ab, wie Ihr *Gegenüber* auf Ihr Anrempeln reagiert. Sieht es Sie mit tief herabgezogenen Augenbrauen und gesenktem Blick an, beißt den Kiefer aufeinander und ballt dazu noch die Fäuste – ich garantiere: Ihre Reaktion fällt ganz anders aus, als hätte es Sie freundlich angelächelt. In jedem Fall hat es Sie manipuliert.

Alles, was wir wahrnehmen, beeinflusst und manipuliert uns. Alles! Da die allerallermeisten Reize im

Unterbewusstsein hängen bleiben, bemerken wir also oft gar nicht, wie sehr uns unsere Umwelt beeinflusst. Versteckt beeinflusst. Also manipuliert.

Lesen Sie mehr in Kapitel 1

Das passiert den ganzen Tag über. Auch wir beeinflussen unsere Umgebung ständig. Mit unserem Lächeln, unserem missmutigen Gesicht, mit dem Zu-schnell-auf-jemanden-Zugehen oder auch, wenn wir jemandem zu nahe treten. All das ruft *die* Reaktion hervor, von der sich der Empfänger des Reizes den größten Nutzen verspricht.

Grund für unsere Verunsicherung und die oft negative Behaftung des Themas *Manipulation durch Körpersprache* ist die meist unbewusste Einflussnahme, weswegen uns schlicht die Kontrolle über den Prozess fehlt. Wenn etwas uns beeinflusst, ohne dass wir selbst es steuern können, ja, wenn wir es nicht einmal mitbekommen, darf uns das schon mal skeptisch machen.

Aber eines kann Körpersprache nicht: Sie kann niemals eine Reaktion bei uns hervorrufen, die gänzlich unseren innersten Wünschen, Interessen und Werten widerspricht. Das heißt, die Auswirkung der Manipulation korreliert mit unseren inneren Werten.

Auch Werbung funktioniert nur bei denen, die eine Neigung zum Effekt haben. Eine Freundin von mir könnte täglich sechs Stunden lang auf Bierwerbung glotzen und würde trotzdem nie zum Sixpack greifen. Wenn sie allerdings einen Spot von Zalando sieht … Bei vielen Männern ist das ähnlich. Sie schauen 90 Minuten lang Fußball und rennen in der Halbzeit zum Bierkasten – oder haben Sie schon mal einen Mann gesehen, der nach dem Spiel im TV auf den Fußballplatz rennt? Der Mensch ist kein Computer, der danach funktioniert, welches Programm er gerade geladen bekommt. Und das einfach ausgetauscht werden kann, wenn es ihm nicht gefällt. Nein, unsere

Persönlichkeit ist schon um einiges stabiler, als dass sie durch äußere Einflüsse – versteckt oder offen – so einfach in gewünschte Bahnen gelenkt werden könnte.

Fest steht, dass Sie durch das Lächeln eines anderen *beeinflusst* werden. Wie Sie darauf *reagieren*, hängt aber sehr stark von Ihrer Persönlichkeit und Ihrer momentanen Verfassung ab.

Ihr Unterbewusstsein denkt sich: »Ach, wie nett. Der ist aber freundlich. Da lächle ich gleich mal zurück.« Oder aber: »Warum lächelt der mich denn jetzt an? Was will der von mir? Bleiben wir lieber auf der Hut.«

——— *Wir manipulieren mit Körpersprache. Immer.*

Wir werden aber nie in eine Richtung manipuliert, für die wir nicht grundsätzlich offen wären, in die wir nicht ohnehin ein wenig tendiert hätten.

NACHWORT

Ich weiß – beim Lesen dieses Buches haben Sie sich x-mal gefragt, wie das denn nun mit Ihrer eigenen Körpersprache ist. Sie haben sich immer wieder Ihre Haltung bewusst gemacht, Ihr Territorialverhalten beobachtet. Sich vielleicht auch gefragt, wie oft Sie Augen, Mund und Hände sichtbar zeigen und bewegen. Möglicherweise haben Sie sich auch gefragt, wie viel von Ihrer kindlichen Körpersprache noch in Ihnen steckt?

Sie fühlen sich ein klein wenig beobachtet von anderen und auch von sich selbst. Ums kurz zu machen: Sie leiden unter Verfolgungswahn. Alles gut, liebe Leserinnen und liebe Leser, das haben Sie vor diesem Buch auch schon getan. Nur war es Ihnen und Ihren Mitmenschen nicht bewusst.

Heute weiß die Wissenschaft, dass Menschen, die sich ihrer Körpersprache und der Körpersprache ihrer Mitmenschen bewusster sind, erfolgreicher sind. Und damit ist nicht nur wirtschaftlicher Erfolg gemeint. Es geht auch um Erfolg im sozialen Zusammenleben, in der täglichen Kommunikation und beim allgemeinen Glücksempfinden. Also sind Sie auf dem richtigen Weg!

Seien Sie wach und behalten Sie diese Wahrnehmung bei, denn die Körpersprache ist der ehrlichste Zugang zum Menschen. Auch zu sich selbst. Und gehen Sie dabei mit Ihrer eigenen Körpersprache nicht zu streng ins Gericht.

Denn gerade die Ecken und Kanten, das Unperfekte, machen einen Menschen aus.

Und sollte es Ihnen wieder einmal so richtig unangenehm sein, was Sie an sich selbst beobachten – vergessen Sie nie: Der liebe Gott hat Ihnen jemanden zur Seite gestellt, über den Sie immer lachen können. Das sind Sie selbst. Und sollten Sie das mal nicht schaffen: Macht nichts, die Menschen rund um Sie übernehmen das gern!

Holen Sie sich die wöchentlichen Körpersprachetipps von meinen Social-Media-Kanälen!

www.stefanverra.com
www.facebook.com/stefanverra
www.twitter.com/stefanverra
www.xing.com/profile/Stefan_Verra
www.linkedin.com/in/stefanverra
www.google.com/+StefanVerra1

Videos:
www.youtube.com/user/StefanVerra

DANKE AN ...

... *mein Publikum,* ihr seid der größte Ansporn für mich. Schreiben ist schön, aber einen Abend mit euch zu verbringen ist unschlagbar! Ich danke euch dafür, dass ihr euch nicht mit allzu simplen Körperspracheantworten zufriedengebt!

... *all jene Menschen,* die bereit sind, beim Thema Körpersprache populäre und populistische Wege zu verlassen und neue zu gehen. Wege, die nicht immer bequem sind, aber dem Thema gerechter werden.

... *Dr. Klaus Schuller.* Sie waren *der* Eye-Opener für mich. Sie waren der Erste, der mich auf meinem Weg bestärkt hat, zu beweisen, dass Körpersprache mehr ist als nur eine Anhäufung von Einzelsignalen. Sie haben mir die dafür wichtigen wissenschaftlichen Grundlagen gegeben. Ihnen gebührt meine größte Hochachtung!

... *Nina Schnackenbeck.* Für die hervorragende Arbeit an der Entstehung dieses Buches. Deine Beharrlichkeit und dein Überblick waren wichtig. Ja, und dafür, dass du mir als Österreicher in dieser Zeit ein wenig Deutsch beigebracht hast. :-)

... *Stefan Weikert,* dafür, dass wir so oft auf einer Wellenlänge liegen.

... *Severin Schweiger.* Du hast den Blick für den richtigen Moment!

... *Stephan Grulert,* ohne dich wäre der Kontakt zu Edel wahrscheinlich nicht entstanden. (Einer geht noch, Erwin!)

... *Sabine,* dafür, dass wir den Weg nun schon so lange gemeinsam gehen. Deine wohlwollende Kritik, dein genauer Blick, ist mir so oft ein Weckruf.

... *Lorenzo und Matteo,* dafür, dass ihr mir täglich vorlebt, wie Körpersprache wirklich sein sollte. Weitermachen!

... *alle Menschen,* die mir je geholfen haben. Es sind zu viele, als dass ich jeden einzelnen namentlich nennen könnte. Ich bin euch dankbar.

MEINE QUELLEN

Als Quellen dienten mir Vorträge, Diskussionen, Studien, Bücher und vor allem Menschen. Durch meine Vortragstätigkeit komme ich immer wieder mit Menschen in Kontakt, die mir neue Gedankenanregungen geben. Auf einem Urologiekongress lernte ich eine Menge über Testosteron und verknüpfte das mit Inhalten aus Frans de Waals »Der Affe in uns«. Sir Karl Popper spricht vom »Falsifizieren« und mir schien, dass das auf die Körpersprachedeutung anwendbar sein müsste. Wolf Singer referiert über die Funktion des Gehirns, was mir gedankliche Zugänge zur Bedeutung gewisser Gesten eröffnete.

Wer beginnen will, sich mit dem Thema Körpersprache zu beschäftigen, findet anbei einen Auszug der Literatur, die mich inspirierte.

- Birkenbihl, Vera F., *Signale des Körpers*, Frankfurt, 2002
- Canetti, Elias, *Masse und Macht*, Düsseldorf, 1960
- Cialdini, Robert, *Die Psychologie des Überzeugens*, Bern, 1997
- Collett, Peter, *Ich sehe was, was du nicht sagst*, Bergisch Gladbach, 2004
- Damásio, António, *Descartes' Irrtum – Fühlen, Denken und das menschliche Gehirn*, München, 1994
- De Waal, Frans, *Der Affe in uns. Warum wir sind, wie wir sind*, München, 2006
- Degen, Rolf, *Lexikon der Psycho-Irrtümer*, Frankfurt a. M., 2000
- Dutton, Kevin, *Gehirnflüsterer*, München, 2011

- Eibl-Eibesfeldt, Irenäus, *Der vorprogrammierte Mensch*, Wien/Zürich/München, 1973
- Eibl-Eibesfeldt, Irenäus, *Grundriss der vergleichenden Verhaltensforschung*, München, 2004
- Ekman, Paul, *Darwin and Facial Expression*, New York, 1973
- Feldenkrais, Moshé, *Bewusstheit durch Bewegung*, Frankfurt a. M., 1968
- Fine, Cordelia, *Die Geschlechterlüge*, Stuttgart, 2012
- Foerster, Heinz von, *Wahrheit ist die Erfindung eines Lügners*, Heidelberg, 2004
- Frankl, Viktor E., *Der Mensch vor der Frage nach dem Sinn*, München, 1979
- Greenfield, Susan A., *Reiseführer Gehirn*, Berlin, 2003
- Kurtz, Ron; Prestera, Hector, *Botschaften des Körpers*, Kösel, 1979
- Leonard, George, *Der längere Atem*, Bern/München/Wien, 1998
- Mader, Johann, *Einführung in die Philosophie*, Wien, 2005
- Molcho, Samy, *Alles über Körpersprache*, München, 2001
- Morris, Desmond, *Bodytalk*, München, 1995
- Nørretranders, Tor, *Spüre die Welt. Die Wissenschaft des Bewusstseins*, Reinbek bei Hamburg, 1994
- Popper, Sir Karl, *Auf der Suche nach einer besseren Welt*, München, 1984
- Schuller, Klaus, *Zivilisatorisch verändertes Verhalten, Ursache für Störung im Stütz- und Bewegungsapparat* (unveröffentlichtes Skriptum zu einem Referat, ca. 1990)
- Seligmann, Martin, *Pessimisten küsst man nicht*, München, 2001

- Singer, Wolf, *Neurobiologische Überlegungen*, Audio-CD, Köln, 2003
- Storch, Maja; Cantieni, Benita; Hüther, Gerald; Tschacher, Wolfgang, *Embodiment, Die Wechselwirkung von Körper und Psyche verstehen und nutzen*, Bern, 2007
- Verra, Stefan, *Die Macht der Körpersprache im Verkauf*, München, 2007
- Watzlawick, Paul, *Wie wirklich ist die Wirklichkeit?*, München, 1984
- Welzer, Harald, *Das kommunikative Gedächtnis*, München, 2005

Edel Books
Ein Verlag der Edel Germany GmbH

Copyright © 2015 Edel Germany GmbH,
Neumühlen 17, 22763 Hamburg
www.edel.com
2. Auflage 2015

Projektkoordination: Nina Schnackenbeck
Text: Stefan Verra
Lektorat: Nina Schnackenbeck
Umschlaggestaltung, Layout und Satz: Groothuis.
Gesellschaft der Ideen und Passionen mbH | www.groothuis.de
Fotografien Cover und Innenteil: Severin Schweiger |
www.severinschweiger.de
Druck und Bindung: optimal media GmbH,
Glienholzweg 7, 17207 Röbel / Müritz

Printed in Germany

ISBN 978-3-8419-0325-9